DAS IST (NICHT) MEIN ZUHAUSE

DAS IST (NICHT) MEIN ZUHAUSE

VALERIA ANSELM

IGfH-Eigenverlag, Frankfurt am Main, 1. Auflage 2023
Internationale Gesellschaft für erzieherische Hilfen (IGfH)
Galvanistraße 30, 60486 Frankfurt am Main
Tel.: 069 63 93 86-0 | Fax: 069 39 86-25
www.igfh.de | publikationen@igfh.de

Herstellung und Vertrieb: Walhalla Fachverlag, Regensburg

ISBN: 978-3-947704-31-6

Alle in diesem Text geschilderten Personen sind echt und nicht frei erfunden. Nur ihre Namen wurden geändert.

Umschlagbild: Valeria Anselm
Gestaltung: Devin Teachout
Kontrolle: Alfe Toussaint
Emotionaler Beistand: Nisha Toussaint Teachout
Lappenkrisenberatung: Annik

für die Kinder

INHALT

/ A LETTER TO YOU 8
0 DIE GRUNDLAGEN 10
1 EINZUG UND NEUE MENSCHEN, STRUKTUREN UND REGELN 15
2 BETREUERINNEN 18
3 SCHULE, FREUNDE UND HOBBYS 21
4 ABSCHIED 24
5 SYSTEM CHANGE NOT CLIMATE CHANGE 28
5B DIE WLAN-REVOLUTION 33
6 DER FLUCH DER WG BEZIEHUNGEN 37
6B ABGRENZEN 41
6C DIE GUTEN ALTEN WG ZEITEN 43
7 AUFMERKSAMKEIT 45
8 FAMILYTIME 49
8B FESTIVAL DER KULTUREN, FESTIVAL DER PERSÖNLICHKEITEN 51

8C MEIN KIND WÄCHST NICHT BEI MIR AUF 55

8D AUSZIEHEN, UMZIEHEN, ZURÜCKZIEHEN –
IRGENDWAS ZIEHT IMMER IRGENDWO (HIN) 58

8E DIE SACHE MIT DEM ZUHAUSE 61

9 THERAPIE UND DAS SOZIALE NETZWERK 64

9B WHAT THE HEALTH?! 68

9C DAS SOZIALE NETZWERK 71

10 AUSZIEHEN 74

X GROWING UP AND GROWING APART 79

\ MY LETTER TO YOU 84

() GOOD TO KNOW / INFOS FÜR DICH 88

A LETTER TO YOU

Hey du,

vielleicht bist du gerade neu in eine Wohngruppe eingezogen oder wohnst schon länger dort. Vielleicht bist du ein*e Betreuer*in oder einfach ein*e Interessierte*r. Wie auch immer du zu diesem Buch kamst, es ist kein Ratgeber und kein Roman, in diesem Buch geht es um eine Reise. Meine Reise durch die Jugendhilfe, durch meine Jugend und durch meine Gedanken und Erinnerungen.

Weißt du eigentlich wie schwer es ist ein Buch zu schreiben? Bevor ich dir also meine Geschichte erzähle, möchte ich erwähnen wie es zu diesem Buch kam. Es war ein Sonntagabend und ich lag mit Fieber auf dem Sofa, während sich die Betreuerinnen und meine Mitbewohnerinnen über die neuen Gruppenregeln unterhielten. Außerdem sprachen sie über die zwei Mädchen, die am Wochenende einziehen würden. Die Gedanken in meinem Kopf fingen an sich zu drehen und mir wurde übel, ich bekam schlecht Luft. *„Schon wieder zwei Neue, es sind doch erst zwei eingezogen.“* Die letzten Wochen waren hart. Innerhalb eines Monats waren fünf von acht Mädchen ausgezogen. Und wie es nun mal so ist, ein teurer, stationärer Jugendhilfeplatz bleibt nicht lange unbesetzt. Wenn jemand auszieht, zieht jemand Neues ein. Auf dem Papier klingt es ganz einfach. In der Praxis ist es nicht so leicht. Vor allem wenn man selbst dort wohnt und jahrelang mitansehen muss, wie Menschen kommen und gehen. Und es ist egal, wie lange man dort wohnt, es wird nicht einfacher mit der Zeit. Zumindest für mich nicht. Nun lag ich da also und machte mir Gedanken darüber, wie es wohl aussehen würde, wenn jetzt zwei neue Mädchen einziehen. Ich machte mir viele Gedanken. Irgendwann war ich so verzweifelt, dass ich entschied, ausziehen zu wollen. Weil ich einfach genervt und überfordert war. Dieses ganze WG-Leben strengte mich sehr an. Und ich hatte das Gefühl mit niemandem wirklich darüber sprechen zu können. Es gab niemanden, der mich verstehen konnte.

Es erschien mir, als sei dieses ganze Jugendhilfesystem ein Mysterium. Die Menschen, die das System studierten, lernten dieses nur in irgendwelchen Büchern und Vorlesungen kennen. Später, wenn sie bereit waren darin zu arbeiten, basierte ihr Wissen nur auf dem Gelernten und ihr Handlungsspielraum ist an die Gesetze gebunden. Die Menschen, die mit der Jugendhilfe nichts zu tun haben, wissen oft gar nicht, dass sie existiert und können sich überhaupt nicht vorstellen, wie es dort zugeht. Und die Kinder und Jugendlichen reden viel zu selten über ihre Erfahrungen. Ich wollte aber mit jemandem darüber reden, ich wollte jemanden finden, der mich versteht. Doch die Suche war nicht so einfach und als ich nach Büchern oder anderer Literatur dazu suchte, fand ich nur jede Menge Fachbücher und Horrorgeschichten von Heimkindern aus früheren Zeiten. Es scheint, als wäre es verboten, darüber zu reden oder als gäbe es nichts zu erzählen. Ein Tabuthema also. Die Gesellschaft möchte nicht darüber reden. Keiner redet gerne über Probleme und vor allem nicht darüber, dass es Kinder gibt, die nicht bei ihren Eltern aufwachsen können. Aber ich möchte darüber sprechen. Ich möchte, dass du weißt wie es ist. Ich möchte meine Erfahrungen mit dir teilen. Darum gibt es dieses Buch.

Alles was ich wollte, war ein Zuhause. Alles was ich bekam, war ein Platz in einer Wohngruppe, in der Menschen ein- und ausgehen, wie es ihnen gefällt.

KAPITEL 0 DIE GRUNDLAGEN

ICH sitze in einem Gespräch mit der Schulsozialarbeiterin und sie fragt mich, ob ich mir denn vorstellen könne, in eine Einrichtung für Kinder und Jugendliche zu ziehen. Ich nicke, obwohl ich keine Ahnung habe, wie so eine Einrichtung aussieht. In meinem Kopf entstehen Bilder, die denen aus Filmen ähneln. Ein Zimmer mit Hochbetten, in dem viele Kinder zusammen in einem Raum schlafen müssen und das ganze Bild in meinem Kopf sieht ziemlich dunkel und finster aus. So wie ein Heim im Film eben dargestellt wird. Obwohl mir die Vorstellung Angst macht, nicke ich, denn in dem Moment ist es Zuhause schon so schlimm, dass es mir relativ egal ist wohin mit mir, Hauptsache weg.

Aber dieses Wort, es begleitet mich bis heute noch und sorgt für viele Missverständnisse. Als meine Familie hörte, dass ich im „Heim" wohne, war ihnen völlig unverständlich wieso. „Da wohnen doch nur Kinder, die keine Eltern haben" war nur einer der vielen Sätze, die sie zu mir sagten. Aber auch völlig konfuse Vorstellungen muss meine Familie gehabt haben, denn sogar nach über einem Jahr wurde ich einmal von meiner Tante gefragt, ob ich denn überhaupt was zu essen bekäme dort. Meine Oma stellte sich mein Zimmer vor wie in einem Kloster und was sie sonst noch so für Vorstellungen hatten, will ich vielleicht auch gar nicht wissen. Dabei bin ich nie in ein Heim gezogen. Die Einrichtung, in die ich irgendwann kam, war eine Wohngruppe. Es ist eine Wohnung in einem großen alten Haus, mitten in der Innenstadt. Das Haus war früher einmal tatsächlich ein Heim, aber heute befinden sich in jedem Stockwerk einzelne Wohngruppen und ganz oben gibt es ein paar kleine Wohnungen. Von außen könnte niemand sagen, dass es ein Heim oder eine WG ist, es sieht eher aus wie ein buntes, liebevoll eingerichtetes Haus. Die Wände bei den Treppen zum Haus sind mit Mosaiksteinen dekoriert und im Garten gibt es ein Gemüsebeet und Spielgeräte. Am ehesten würde man einen Kindergarten hier vermuten. Aber was sind denn jetzt die Missverständnisse, die bei dem Begriff „Heim" auftauchen und was ist der Unterschied zu einer WG?

Es gibt viele negative Assoziationen, die mit dem Begriff „Heim“ in Verbindung gebracht werden. Das kommt vor allem daher, wie ein Heim früher ausgesehen hat. Dabei hat sich auch das Modell des „Heims“ in den letzten Jahren weiterentwickelt. Und im Rahmen der Weiterentwicklung wurden aus den meisten Heimen Wohngruppen. Das sind im Vergleich eher kleinere Gruppen von Kindern und Jugendlichen, die zusammenleben. Ich kenne bis heute nicht den genauen Unterschied zwischen Wohngruppe und Heim und ich weiß, dass es immer noch beides gibt. Schlecht ist keins davon und ich finde beide Begriffe völlig in Ordnung, aber ich weiß, dass das Wort „Heim“ oder „Heimkind“ auch sehr verletzend sein kann. In jedem Fall ist es ein sensibles Thema, weshalb vorsichtig mit solchen Begriffen umgegangen werden sollte.

Heute gibt es allein in Deutschland so viele unterschiedliche Modelle und Formen von Wohngruppen und Heimen, dass ich nicht generalisierend sagen kann, wie es da aussieht und abläuft. Aber es gibt ja auch nicht „die eine Familie“, die ich als Beispiel für alle Familien nehmen kann, deswegen lassen wir das auch einfach und ich erzähle von meiner WG. Alles was ich erzähle, basiert auf meinen Erfahrungen in der Jugendhilfe. Ich weiß, dass es auch andere Gruppen gibt, dass es immer noch viele Kinder gibt, die nicht die Sicherheit bekommen, die ihnen vom Staat versprochen wird, wenn sie in seine Obhut genommen werden. Ich weiß nicht, wie es ist, in einer geschlossenen Einrichtung zu leben und ich weiß nur von sehr wenigen anderen Wohngruppen in meiner Stadt wie sie funktionieren. Auch wenn sie in der gleichen Stadt liegen, kann ich nicht hinter geschlossene Türen schauen. Aber am Ende des Tages ist es egal wie unterschiedlich die Konzepte von Wohngruppen, Heimen und anderen Formen der Jugendhilfe sind. Denn alle Kinder, die auf die Hilfe des Staates angewiesen sind, all diese Kinder brauchen Halt und Sicherheit.

Meine WG ist eine von dreien in diesem großen, alten Haus mit Mosaik an den Wänden. Wir sind ganz oben und haben den schönsten Ausblick, das ist manchmal ganz viel wert. Dafür haben wir aber auch den weitesten Weg, wenn wir Einkäufe und Sprudelkisten hochtragen müssen. Ich wohne mit sieben anderen Mädchen zusammen und wir teilen uns eine Küche, zwei Bäder, ein Wohnzimmer und die Couch im Büro, in dem unsere Betreuerinnen die meiste Zeit verbringen. Jedes Mädchen hat ihr eigenes Zimmer. Sie sind nicht besonders groß, aber es reicht für ein Bett, einen Schrank, ein Regal und in die meisten Zimmer hat sogar noch ein blöder Eckschreibtisch reingepasst, der die Zimmer noch kleiner wirken lässt. Wer auch immer auf die Idee kam diese Tische zu besorgen, hat wohl nicht ganz so logisch gedacht.

Jedes Jahr, seit ich hier bin, wurden unterschiedliche Räume renoviert und jetzt sind sie fast durch mit allen Räumen und es sieht ein bisschen so aus, als würden wir im IKEA wohnen. Eigentlich ganz schön, zumindest schöner als zuvor und es sieht aus wie eine ganz normale, von IKEA eingerichtete Wohnung, in der eine große Familie wohnt.

Weil wir aber noch nicht erwachsen sind, werden wir betreut. Manchmal bin ich mir nicht so sicher wer hier wen betreut, aber vom Prinzip her arbeiten hier sechs ausgebildete, hochrangig qualifizierte Betreuerinnen, die von einer Auszubildenden und der ein oder anderen Aushilfe unterstützt werden. Dass ich nur von weiblichen Personen schreibe, liegt daran, dass seit 2015 keine männliche Person mehr hier arbeitet und dass ich nur von Mädchen spreche, liegt einfach nur daran, dass es eine Mädchen WG ist. (Aber auch da gibt es unterschiedliche Variationen an Gruppen.) Die Betreuerinnen machen alles, was wir noch nicht können. Auf dem Papier sind sie die Erziehungsberechtigten und die betreuenden Personen im Alltag. Aber eigentlich sind sie richtige Alleskönnerinnen. Dem System und dem Staat sei Dank, sind sie nämlich sehr viel am Schreibtisch und mit dem PC beschäftigt und erledigen bürokratische Angelegenheiten. Dadurch, dass es nicht nur eine Betreuerin gibt, sondern sechs, die sich immer abwechseln und eine tagsüber da ist, während die andere dann abends kommt und über Nacht dableibt, müssen sie immer genau dokumentieren, was passiert ist und was ansteht. Dann sind sie für alles zuständig, was einen funktionierenden Alltag betrifft. Das heißt wecken, Frühstück richten, Hausaufgabenbetreuung, gemeinsame Abendessen, ins Bett bringen, kochen usw. Das Kochen wurde eine Zeit lang von einer Hauswirtschaftskraft übernommen, die unter der Woche kochte und putzte. Weil das aber nicht so gut lief, nahmen wir das selbst in die Hand. Jetzt kocht jeden

Tag ein Mädchen, mit Unterstützung der Betreuerinnen und ein Mädchen pro Woche geht einkaufen. Das ist ein rotierendes System, was an sich ganz gut funktioniert. Die Betreuerinnen sind aber für noch mehr zuständig. Jede Betreuerin hat nämlich eine Zuständigkeit für 1,33 Mädchen, mathematisch gesehen. Das funktioniert in der Realität nur nicht ganz. Aber es gibt auf jeden Fall ein Bezugsbetreuungssystem in dem jedes Mädchen immer eine Betreuerin hat, die quasi hauptverantwortlich für sie ist. Diese erledigt dann noch so Sachen, die außerhalb des Alltags anfallen, zum Beispiel das Begleiten von Arztterminen, aber auch Elternarbeit gehört dazu. Das System gibt es vor allem, weil jedes Mädchen so genau weiß, dass sie mit ihren Anliegen immer zu einer Person gehen kann. An sich kann sie zu allen gehen, aber die Bezugsbetreuerin behält den Überblick über alles und ist Ansprechperson Nummer Eins sowohl für das Mädchen, als auch die Eltern, die Schule oder das Jugendamt. Ja, das Jugendamt. Was wäre das Leben, ohne regelmäßige Treffen mit dem Jugendamt? Für meine Eltern auf jeden Fall viel entspannter. Alle drei Monate ungefähr findet ein Hilfeplangespräch statt, bei dem alle beteiligten Personen, also Jugendamt, Kind, Eltern, WG und andere, an einem Tisch zusammenkommen und überlegen, wie die Jugendhilfe weitergehen soll. Zum Beispiel wird da besprochen, ob es eine Rückführung in die Familie geben soll und wenn ja, wie diese aussehen kann. Wenn keine geplant ist, finden sich andere Ziele, wie regelmäßiges Zur-Schule-Gehen oder Umgangsregeln mit den Eltern.

Ansonsten gibt es auch auf der WG Regeln, so wie überall halt. Entweder man hasst sie oder sie sind einem gleichgültig. Aber sie sind auf jeden Fall da und es gibt Betreuerinnen, die lieben diese Regeln und würden alles dafür geben, sie zu schützen. Die Regeln sind gar nichts Besonderes. Es gibt zum Beispiel Ausgangszeiten und ins Bettgehzeiten, beide richten sich nach dem Jugendschutzgesetz und so muss eine Dreizehnjährige früher Zuhause sein, als eine Siebzehnjährige, aber das ist logisch. Es gibt so Regeln wie Alkohol- und Drogenverbot im Haus und keine Toleranz für Gewalt, dafür wird ein respektvoller Umgang unter- und miteinander eingefordert und es gibt sonntags und donnerstags Abendessen, die für die ganze Gruppe verpflichtend sind. Donnerstags wird noch ein verpflichtender Gruppenabend drangehängt, aber die Abende sind eigentlich ganz entspannt, wenn nicht gerade darüber diskutiert wird, wer die Bäder schon wieder nicht sauber hinterlassen hat. Ansonsten gehen eigentlich alle Mädchen zur Schule oder machen eine Ausbildung und verbringen den Rest des Tages mit irgendwelchen Dingen, die Jugendliche halt so tun.

Meine Wohngruppe ist sehr entspannt und offen, was das Konzept angeht. Auch da gibt es unterschiedliche Konzepte und auch hier wandelt es sich immer und ist auch abhängig davon, wer gerade hier wohnt und wie viele Grenzen bzw. Freiheiten es braucht. Vieles ist sehr individuell und richtet sich hauptsächlich nach den Bedürfnissen des Kindes. Das finde ich unglaublich wertvoll an dieser WG, dass sich nicht die Kinder dem Konzept anpassen müssen, sondern das Konzept an die Kinder angepasst wird. Denn die Kinder und Jugendlichen, die in Wohngruppen leben, kommen aus schwierigen Familiensituationen und werden in stationären Einrichtungen wie der Wohngruppe nur untergebracht, wenn keine ambulante Lösung möglich war. Aber anders als viele Menschen glauben, muss ein Kind keine Waise und auch nicht schwererziehbar sein, um in einer WG oder einem Heim zu leben. Kein Kind ist schuld daran, dass es nicht bei seinen Eltern aufwachsen kann. Egal was passiert ist und selbst, wenn das Kind selbst entscheidet, nicht mehr zu seinen Eltern zurückzuwollen, selbst dann ist es niemals die Schuld des Kindes.

KAPITEL 1 EINZUG UND NEUE MENSCHEN, STRUKTUREN UND REGELN

Es war Mitte Juli und sehr heiß, als ich mit meinem Vater und einer Frau vom Jugendamt die WG betrat. In großen Buchstaben stand Herzlich Willkommen auf der Eingangstür. Als wir eintraten war viel los und mit einem Mal tummelten sich sehr viele Menschen in dem engen Flur. Abgesehen von den Betreuerinnen und deren Chef, sah ich ein paar Mädchen, die mit neugierigen Blicken in ihren Zimmern verschwanden. Wir gingen zuerst in den Besprechungsraum und auf das Kennenlerngespräch folgte dann die WG-Besichtigung. Es war eine große Wohnung mit schönen, hellen Gemeinschaftsräumen; die Mädchenzimmer waren dafür sehr klein. Nach der Besichtigung war der Termin schon vorbei und wir gingen wieder. Eine Woche später kam ich erneut, dieses Mal aber nur mit der Schulsozialarbeiterin aus meiner Schule. Denn das erste Gespräch war so stressig und durcheinander gewesen, dass ich mir unglaublich unsicher war, ob ich nun in diese WG einziehen wollte oder nicht. Ich hatte nicht wirklich eine bessere Option, denn die einzige Alternative war zu meinem Vater zu ziehen und das wollte ich nicht. Nach der zweiten Besichtigung ging es mir etwas besser und trotz der großen Unsicherheit zog ich am 27. Juli dort ein. Mein Vater holte mich vor dem Übergangsheim, in dem ich gewesen war, ab und brachte mich in die WG. Ein kleiner Hauch von Abschiedsschmerz begleitete mich, als ich im Auto saß, denn ich hatte drei Monate lang in dem Heim gewohnt, länger als alle anderen dort. Nun würde ich in eine richtige Wohngruppe ziehen, wo ich auch wohnen bleiben durfte. Nachdem alle formellen Dinge geklärt waren, durfte ich in mein Zimmer und meine Sachen auspacken. Bis heute weiß ich noch, wie ich dastand und wie groß dieser sieben Quadratmeter kleine Raum auf mich wirkte. Es war mein Zimmer. Und ich mochte es, sehr sogar. Jetzt kann ich sagen, dass wir in einer sehr bunten Beziehung lebten, denn ich hasste es genau so sehr wie ich es liebte. Es erinnerte mich jedes Mal daran, dass ich in dieser WG leben musste, aber es gab mir auch etwas, das mir sehr gefehlt hatte und was mir vor allem für die darauffolgenden fünf Jahre sehr viel Halt gab. Es schenkte mir Sicherheit und einen Rückzugsort, ganz für mich allein.

Wie waren die ersten Tage und Wochen auf der WG? Ich zog in der Woche vor den Ferien ein, was bedeutete, dass ich bereits an meinem ersten Morgen dort früh aufstehen musste, um pünktlich in der Schule zu sein. Ich brauchte fast eine Stunde mit der Bahn bis zur Schule, weil die WG am anderen Ende der Stadt lag. Es war sechs Uhr und es klopfte an meiner Tür, die Betreuerin hatte noch abends zu mir gesagt, dass sie mich morgens wecken würde. Also öffnete ich die Tür und erschrak, weil ich nicht wusste, wer vor mir stand. Eine kleine, zierliche Frau mit langen braunen Haaren und einer Brille. Es dauerte einige Augenblicke, bis ich verstand, dass es dieselbe Betreuerin wie am Abend war, nur ohne Dutt und ohne Kontaktlinsen. Heute kann ich über diese Geschichte lachen, damals kannte ich weder die Leute dort, noch kannte ich mich mit den Regeln aus. Für die anderen war ich die Neue. Für mich war alles neu. Die Regeln, der Alltag, die Dienste und das ganze Betreuungssystem und vor allem die Menschen. Die Hausordnung konnte ich schnell auswendig. Nicht Rauchen, keine Gewalt, Medienzeiten usw. Nichts, was für mich ein großes Problem darstellte. Was mich verunsicherte, waren die unausgesprochenen Regeln. Die Sitzordnung am Tisch zum Beispiel, oder die Ausgangsregeln. Alles Regeln, die es offiziell nicht gab, aber dass jedes Mädchen ihren persönlichen Platz am Tisch hatte, war anscheinend allen ganz klar. Auch Ausgangsregeln gab es nicht, nur Zeiten, zu denen man spätestens wieder zurück sein sollte. Aber als die Frage kam wohin ich gehen würde, war ich so verunsichert, dass ich mich fragte, ob ich überhaupt nach draußen durfte. Heute verstehe ich es einfach als ganz normale Frage und ein Zeichen von Interesse, wenn ich gefragt werde, wohin ich gehe.

Es brauchte also seine Zeit bis ich mich mit dem ganzen Wohngruppensystem anfreunden konnte. Nachdem ich das getan hatte, traute ich mich auch langsam an die Menschen, die mit mir dort wohnten, heran. Mit mir wohnten noch sieben andere Mädchen auf der WG, die zu der Zeit alle mindestens vier Jahre älter waren als ich. Heute kann ich mich nicht mehr so genau daran erinnern, wie ich mich damals gefühlt habe. Woran ich mich aber noch gut erinnern kann, ist das Gefühl, nicht mehr die Älteste und nicht für alles verantwortlich zu sein. Ich war elf und die anderen Mädchen waren alle fünfzehn und älter. „Ich war also *Die Neue* und *Das Küken*". Beides Rollen, die ich bis dahin nie hatte. Aber sie schenkten mir ein Stückchen Sicherheit, denn die anderen kümmerten sich immer liebevoll um mich und nahmen meistens Rücksicht, wenn ich bereits um halb neun ins Bett musste und sie zu laut waren. Trotzdem war ich am Anfang sehr schüchtern. Das erste halbe Jahr in der WG redete ich nur sehr wenig mit den anderen. Danach änderte sich die Situation schlagartig. Wahrscheinlich lag es an dem ganzen Betreuerinnenwechsel, den wir zu der Zeit durchmachten. Und das schweißte uns Mädchen auf eine Art und Weise zusammen, die mir ebenfalls neu war. Es war ein Abend im Dezember, an dem wieder mal eine Aushilfe den Nachtdienst machte. Mira, Marie und ich saßen in der Küche und unterhielten uns. Auf einmal wurde aus einem einfachen Gespräch eine Art Spiel und wir spielten Schule oder so ähnlich. Ein sehr lustiges Bild bot sich den anderen Mädchen, als sie in die Küche kamen. Marie war die Lehrerin und wir waren die Schülerinnen. Wir lachten so viel, dass irgendwann alle anderen Mädchen auch dazukamen und wir in einem großen Stuhlkreis in der Mitte der Küche saßen, während wir komische Spiele spielten. Was für eine Besonderheit es war, dass alle Mädchen da waren, lernte ich erst später. Das Besondere an diesem Abend war zum einen die Tatsache, dass wir alle unglaubliche Angst vor der Aushilfe hatten. Denn er sah sehr gruselig aus und wir trauten uns gar nicht alleine aus der Küche, aus Angst ihm irgendwo zu begegnen. Zum anderen waren es die Umstände und die ähnlichen Gefühle, die uns verbanden. Vier Betreuer*innen hatten innerhalb von drei Monaten gekündigt und zwei Neue waren bereits wieder da. Wir fühlten uns einfach unwohl und fremd in unserem „Zuhause" und suchten die Stabilität und eine Konstante bei den anderen Mädchen. Dieser Zusammenhalt war ein halbes Jahr später meine Rettung.

„Die Neue" zu sein ist immer eine große Herausforderung. Während die anderen nur dich kennenlernen müssen, musst du die anderen und noch eine Menge Regeln, Räume und Strukturen kennenlernen. Außerdem musst du deine Rolle finden und womöglich neu definieren. Das braucht alles seine Zeit. Nimm dir die Zeit, die du brauchst und lass dich nicht von irgendwem unter Druck setzen. Wenn du erstmal alles kennengelernt hast, entwickelst du eine Sicherheit, die dir später bei anderen Dingen behilflich sein wird.

KAPITEL 2 BETREUERINNEN

WAS eine Jugendwohngruppe am meisten von einer normalen Wohngemeinschaft unterscheidet, ist vermutlich die Tatsache, dass die Jugendlichen nicht auf sich alleine gestellt sind, sondern betreut werden. Es gibt ein Team aus mehreren Betreuer*innen, die alle eine entsprechende Ausbildung bzw. ein entsprechendes Studium hinter sich haben. In erster Linie sind sie dafür da, für die körperliche Unversehrtheit der Jugendlichen zu sorgen, dafür, dass sie sich entsprechend entwickeln können und dafür, dass das Zusammenleben funktioniert. Das heißt sie stellen Regeln auf und schauen, dass diese eingehalten werden. Das Gute ist, dass sie aber noch viel mehr können. Schließlich sind sie keine programmierten Maschinen, sondern richtige Menschen. Sie können sogar Spiele spielen und haben eigene Hobbys, die sie teilweise in die Arbeit mit einfließen lassen, wenn sie z.B. Gitarre spielen oder gut backen... Und sie können gut zuhören und mit einem reden. Die Arbeit als Betreuer*in ist sehr vielseitig und sie können meistens sehr viel. Nur habe ich in den letzten fünf Jahren dennoch niemanden kennengelernt, der gut Mathe konnte. Neben den Betreuer*innen gibt es auch noch Auszubildende und Praktikanten, die für eine begrenzte Zeit ein Teil des Teams sind. Meiner Meinung nach haben diese den besseren Job, weil sie die meiste Zeit mit uns Jugendlichen verbringen können. Während die Betreuer*innen oft an ihren Schreibtischstuhl und ihr Telefon gefesselt sind, weil sie doch viel bürokratisches Zeug erledigen müssen, dürfen die Praktikanten und Azubis uns zu Terminen begleiten, mit uns kochen, spielen und Eis essen gehen. Es entstehen dabei die tollsten und lustigsten Gespräche und viele kommen auch noch nach ihrem Praktikum oder ihrer Ausbildung zu Besuch.

„Ich bin Lune, deine Bezugsbetreuerin." Die kleine zierliche, braunhaarige Betreuerin stand vor mir und erklärte mir, dass sie nun für mich zuständig wäre und alle Sachen mit dem Jugendamt und so weiter abklären würde. Ich wusste nicht genau, was sie mit Bezugsbetreuung meinte, aber es hörte sich nicht schlecht an, vor allem, weil ich Lune direkt mochte. Sie war jung, aber offen und ehrlich. Zwar gibt es ein ganzes Team, was auf einer WG arbeitet, aber es gibt immer eine*n Betreuer*in, welche*r für eine*n Bewohner*in zuständig ist. Lune war für mich zuständig und nahm sich direkt ein paar Tage nach meinem Einzug Zeit, um mich besser kennenzulernen. Damit es nicht wie ein formelles Gespräch wirkte, stellte sie ihre Fragen, während wir zusammen einkaufen gingen und danach kochten. Unser Gespräch war sehr vielseitig und so redeten wir über meine Eltern, über meine Zeit in dem Heim davor, aber auch über die Schule und ganz unwichtige Sachen. Ganz nebenbei lernte ich zu kochen. Denn das konnte ich bis dahin auch nicht. Und so lernte ich an jenem Tag, dass man Tomatensoße auch aus frischen Tomaten kochen konnte. Lune war auch diejenige, die mit mir, meinem Vater und dem Jugendamt die Hilfeplangespräche führte. Sie war zuständig für alle Fragen, die mich und mein Leben auf der WG betrafen. Zumindest so lange, bis sie zwei Monate später einfach nicht mehr kam. Sie war wochenlang krankgemeldet, bis sie uns irgendwann einen Brief schrieb, in dem sie uns mitteilte, dass sie nicht mehr auf der WG arbeiten könne, weil sie schwanger sei und ein Beschäftigungsverbot erteilt bekommen hätte. Es traf mich sehr, denn sie war nach langer Zeit die erste Person gewesen, der ich vertraut hatte. Ich bekam eine neue Bezugsbetreuerin. Aber auch sie kündigte ein halbes Jahr später, weil sie die Leitung in einer neuen Wohngruppe übernahm. Ich bekam wieder eine Neue. Tara blieb. Und mittlerweile war sie von allen Betreuerinnen am längsten da. Nachdem sie über zwei Jahre für mich zuständig war, wechselte meine Bezugsbetreuung ein letztes Mal. Dieses Mal aber aus anderen Gründen und es war für alle keine leichte Entscheidung gewesen. Doch nachdem ich mit Tara viele gute und schlechte Phasen durchlebt hatte, entschieden wir uns beide dafür, dass es besser sei, wenn ihre Kollegin die Zuständigkeit für mich übernehmen würde. Ich mag Tara. Aber manche Beziehungen funktionieren besser, wenn sie nicht zu eng sind. Das Bezugsbetreuungsystem ist Fluch und Segen zugleich und zwar für beide Seiten. Sowohl für die Betreuer*innen als auch für die Jugendlichen. Vertrauen aufzubauen zählt auf jeden Fall zu den schweren Dingen, aber auch zu denen, die sich am meisten auszahlen. Es braucht aber viel Zeit und man darf nicht davon ausgehen, dass dieses Vertrauen nicht immer wieder enttäuscht wird. In allererster Linie ist ein*e Bezugsbetreuer*in für ihr Bezugskind verantwortlich. Das heißt leider auch, dass manchmal Entscheidungen getroffen werden müssen, die dem Kind erst einmal blöd erscheinen. Solche Momente sind für jede Beziehung eine Herausforderung. Darüber offen zu reden, sich darüber aufzuregen und dann aber zusammen weiterzuschauen, hilft zumindest mir immer.

Die wohl wichtigste Weisheit, die mir eine Betreuerin ganz am Anfang von meiner WG Zeit mitgegeben hat: „Sag, was du brauchst." Und das heißt nicht, dass du einen kompletten Plan von dem haben musst, was du brauchst, aber die Betreuer*innen sind auch nur Menschen und sie können nicht in dich reinschauen. Wenn du nicht sagst, dass du jemanden zum Reden brauchst, dann werden sie das vielleicht nicht merken und sich keine Zeit nehmen, aber wenn du dich traust hinzugehen und zu sagen „ Ich brauch' dich (zum Reden)", dann werden sie da sein (wenn sie auch nicht alles stehen und liegen lassen, aber sie werden sich Zeit nehmen). – Auch das musste ich erst lernen und es ist okay nicht perfekt zu sein. Die Betreuer*innen sind für dich da und nicht andersherum. Wenn du nicht von vornherein eine super tolle Beziehung zu ihnen hast, ist es genauso okay, wie die Tatsache, dass Vertrauen erstmal entstehen muss. Es ist auch okay, wenn du dich nicht traust, mit ihnen zu reden oder nicht weißt, wie du mit ihnen reden sollst. Ich habe fast vier Jahre lang nur über Briefe und Mails mit Erwachsenen kommuniziert und die häufigste Aussage, die sie von mir zu hören bekamen war „Weiß ich nicht". Aber irgendwann wirst du wissen, was für dich gut ist und was du willst und wie du das sagst, was du sagen möchtest. Und bis dahin: Lass dir Zeit und versuche es einfach immer wieder!

KAPITEL 3 SCHULE, FREUNDE UND HOBBYS

ICH saß in der Schule und machte mir Gedanken darüber, was wohl gerade in dem Gespräch besprochen wurde, bei dem ich nicht dabei war. Das Jugendamt, mein Vater und die WG redeten darüber, wie der weitere Hilfeplan in meinem Fall ablaufen sollte. Diese Menschen redeten über meine Zukunft, während ich mich mit Wurzeln und Parabeln beschäftigte. Zumindest sollte ich mich mit denen beschäftigen. Stattdessen schweifte ich immer wieder ab. Diese eine Frage in meinem Kopf ergab einfach keinen Sinn für mich. Mein Leben war eine Katastrophe, ich lebte seit einem Jahr in einer Wohngruppe und in meinem privaten Umfeld jagte ein Problem das nächste. Wie sollte ich da einfach zur Schule gehen und eine ganz normale Jugendliche sein? „Die anderen in meiner Klasse verstehen mich doch sowieso nicht“, dachte ich. Ich hätte gerne jemandem von meinen Gedanken und Ängsten in dem Moment erzählt, aber ich hatte keine richtigen Freund*innen in der Klasse und niemanden dem ich vertraute...

Das Leben in einer WG ist nicht immer einfach, das ist keine Frage. Die Gründe, weshalb man da wohnt, lösen sich ja nicht in Luft auf. Ich war oft sauer auf die Betreuerinnen, weil sie mich zwangen, in die Schule zu gehen und unbedingt an diesem „funktionierenden Alltag“ festhielten. Egal, wie viel drumherum passierte. Lange Zeit habe ich diesen Ansatz nicht verstanden, mittlerweile weiß ich nicht, was ich ohne die Schule tun würde. Die Schule ist nicht immer der Lieblingsort für Jugendliche, aber die Schule kann eine rettende Instanz sein. Das Leben in der WG ist nicht immer einfach, deswegen ist es wichtig, sich sichere Inseln außerhalb der WG zu suchen. Vielleicht ist die Schule nicht die beste Insel, aber sie ist immerhin eine Beständigkeit, die fünf Tage die Woche da ist und zumindest für eine Zeit lang ein sicherer Ort sein kann. Und egal wie blöd Mathe, Deutsch oder Physik sind, es ist allemal besser, sich damit auseinanderzusetzen, statt sich den Kopf über die grundsätzlichen Probleme des Lebens zu zerbrechen.

Jede*r Jugendliche*r hat das Recht, einem Hobby nachzugehen. Dieses wird auch vom Jugendamt finanziert, zumindest teilweise. Bestimmt ist nicht alles möglich, aber es gibt unterschiedliche Finanzierungsmöglichkeiten. Ich finde, dass man viel öfter von diesem Recht Gebrauch machen sollte. Ein Hobby, was nicht unbedingt Shoppen oder Computerspielen ist. Zum einen tut man sich selbst etwas Gutes und manchmal knüpft man sogar noch neue Kontakte dabei. Eine regelmäßige Beschäftigung ist auf jeden Fall gut für den „funktionierenden Alltag", das heißt die Betreuer*innen sind schon mal zufrieden. Und darüber hinaus kann man einfach etwas machen, was einem Spaß macht. Das kann auf jeden Fall auch Halt geben oder eine Möglichkeit bieten, seine Gefühle auszuleben, die oft im Alltag sonst keinen Platz finden.

Worauf ich eigentlich hinaus will? Ich habe lange Zeit den ganzen Tag in der WG verbracht, manchmal war mir sogar die Schule zu anstrengend. Eine Zeit lang war der Abstand zur Schule auch gut, weil ich erst einmal Kraft tanken musste. Das Problem war nur, dass die WG irgendwann zu meinem Lebensmittelpunkt wurde, das machte mich sehr fertig. Denn es gab vieles dort, was ich nicht beeinflussen konnte: Nicht die anderen Mädchen, nicht die Betreuerinnen und auch die Regeln nicht. Es gab viele Probleme, die zwar nicht meine waren, die aber dadurch, dass ich so viel Zeit auf der WG verbrachte, automatisch doch zu meinen wurden. Das stresste und belastete mich sehr und der einzige Weg da wieder rauszukommen, war, meinen Lebensmittelpunkt nach außen zu verlagern. Also verbrachte ich sehr viel Zeit in der Schule und fing wieder an, einmal die Woche zum Tanzen zu gehen. Gleichzeitig fand ich den Weg in die Aktivismusszene und lernte dort viele tolle Leute kennen, mit denen ich heute viel zusammenarbeite und mit denen ich sehr gut befreundet bin. Aber das ist eine andere Geschichte. Auf jeden Fall geht es mir heute deutlich besser, weil ich nicht mehr so stark an die WG gebunden bin und einfach gehen kann, wenn ich mal Abstand brauche oder es einfach nicht gut läuft dort. Und davon abgesehen ist das Leben einfach viel bunter, wenn man viele unterschiedliche Dinge tun kann.

Auch hier again: Es ist nicht einfach, aber du musst nicht perfekt sein. Die Schule muss nicht gut laufen und du musst auch kein Hobby haben oder versuchen, die Welt zu retten. Wenn ich das heute so einfach schreibe, dann liegt diese Zeit schon (fast) hinter mir. Hätte mir früher jemand gesagt „Geh in die Schule und such dir ein Hobby", dann hätte ich das nicht so cool gefunden. Aber irgendwann habe ich mich einfach getraut und es zugelassen. Und zumindest das Tanzen hat mir unglaublich Spaß gemacht, also wünsche ich dir, dass du dich traust, Dinge auszuprobieren und vielleicht ist der ein oder andere Weg ja genau der richtige für dich. Just try.

KAPITEL 4 ABSCHIED

DAS Wohngruppenleben beginnt mit einem Abschied. Dem Abschied von Zuhause. Aber mit dem Einzug hören die Abschiede und Verluste nicht auf, denn Wohngruppen sind Teil eines Systems, das unglaublich wichtig und unglaublich bescheuert zugleich ist. Kindern und Jugendlichen, die in so frühen Jahren bereits ihre Eltern und ihr Zuhause verlieren – und sei es nur auf Zeit, denen begegnet in Wohngruppen nämlich alles andere als Stabilität. Betreuende Personen auf der Wohngruppe oder beim Jugendamt oder in anderen Hilfeeinrichtungen sind Menschen, die ihren Job machen und sie können ihren Job auch wechseln. Für Kinder und Jugendliche, die in der WG leben geht damit aber ein wichtiger Teil verloren. Egal, ob es eine nahestehende Person war oder nicht, in jedem Fall war es eine Person, die sich um das Kind gekümmert hat.

„Alle gehen und alle lassen mich alleine" – Das ist der Satz, der sich am meisten in meinem Kopf und auch in meinem Herzen eingebrannt hat. Und ziemlich oft, wenn ich ausspreche, was ich allzu oft denke und fühle, gibt es immer Menschen, die versuchen, mich vom Gegenteil zu überzeugen und anfangen, zu diskutieren oder mit einem „Du bist nicht alleine" und „Ich bin da" entgegenzuwirken. Es stimmt, sie sind da, in dem Moment, in dem sie versuchen, mich vom Gegenteil zu überzeugen, in dem Moment, in dem sie diese einfachen drei Worte aneinanderreihen und aussprechen und vielleicht meinen sie es sogar wirklich ernst. Aber selbst dann gehen sie trotzdem irgendwann und ich bleibe alleine zurück.

Abschiede tun weh, vor allem, wenn sie endgültig sind. Seit ich auf der Welt bin und mich dran erinnern kann, ist in meinem Umfeld nur einmal jemand gestorben, um den ich wirklich getrauert habe und das war der Leiter meiner Kunstschule. Ich war durchaus traurig und habe auch meine Zeit gebraucht, aber es war keine Person, die mir wirklich sehr nahestand. Aber endgültige Abschiede hatte ich trotzdem genug. Sie erscheinen von außen vielleicht nicht wirklich als endgültig, aber ich habe mich mittlerweile damit abgefunden, dass die Menschen um mich rum nie verstehen werden, was ich damit meine. Der letzte Abschied ist erst wenige Wochen her und ich bin immer noch in irgendeiner Trauerphase. Lilly war meine Psychologische Beraterin beim Jugendamt, zu der ich, seit sie mir vor viereinhalb Jahren vorgestellt wurde, jeden Monat mindestens einmal hinging. Sie war einer von diesen Menschen, die Teil meines „sozialen Netzwerks" wurden. Sie hörte aus privaten Gründen auf beim Jugendamt zu arbeiten, aber als sie mir das erzählte, sagte sie, dass sie wisse, wie viele Menschen in meinem Umfeld weggehen würden und dass sie deswegen nicht gehen würde. Das tat sie dann auch nicht. Sie hörte zwar beim Jugendamt auf, aber traf sich alle zwei Wochen mit mir zum Spazierengehen – ehrenamtlich. Ich glaube, ich habe ihr nie gesagt, wie viel mir das bedeutet hat, aber ich hatte auf jeden Fall sehr großes Glück mit ihr. Aber auch sie ging (von mir). Genauer gesagt ist sie umgezogen und da ein Zugticket allein für die Hinfahrt schon 21 Euro kostet, wären das sehr teure Spaziergänge, wenn wir uns weiterhin alle zwei Wochen treffen würden. Also verabschiedeten wir uns vor vier Wochen und sie ging, ohne dass wir klarstellten, wie unsere Beziehung nun aussehen würde. Vor ein paar Tagen schrieb sie mir eine Mail und wollte wissen wie es mir geht. Ich habe ihr immer noch nicht geantwortet, weil ich nicht genau weiß, ob ich ihr schreiben kann, dass ich immer noch in der Trauerphase um sie bin.

Trauern zu dürfen ist ein Recht, das ich mir selber eingeräumt habe, weil es sonst niemand tut. In den ganzen letzten Jahren und seit dem entscheidenden Abschied, der eigentlich keiner war, weil ich mich nie verabschieden konnte, hat mir nie jemand erlaubt, wirklich zu trauern. Warum? Vermutlich, weil es schwer zu begreifen ist, wie man um einen lebendigen Menschen trauern kann. Abschiede sind, glaube ich, mein größtes Trauma und ich könnte ein ganzes Buch darüber schreiben. Bestimmt hat jede*r Jugendliche seine oder ihre eigenen Traumata, wobei ich glaube, dass alle ein wenig unter Verlustängsten leiden. Das ist nämlich dieses Ding mit der Jugendhilfe, du lebst hier nur, weil deine Familie nicht für dich da sein kann. Und egal aus welchen Gründen sie nicht bei einem sind, die eigenen Eltern fehlen immer.

Als ich mich mit elf dazu entschloss, dass ich es Zuhause nicht mehr aushielt, ging alles sehr schnell und ich konnte mich nicht wirklich von meiner Mutter verabschieden. Sie war nämlich ziemlich aufgebracht in dem Moment, als meine Geschwister und ich vom Jugendamt abgeholt wurden. Einen wirklichen Abschied hätte ich aber an dem Tag gebraucht, an dem sie krank wurde und das war schon viel früher. Weder sie noch ich noch irgendwer sonst wusste, dass sie einfach verschwinden würde, das ist das Gemeine an psychischen Erkrankungen: sie werden oft erst erkannt, wenn es schon viel zu spät ist.

Als wäre dieser Verlust nicht groß genug gewesen für mein elfjähriges Leben, ging auch meine erste Bezugsbetreuerin und auch dieser Abschied war keiner, denn sie sagte „Schönes Wochenende und bis nächste Woche", aber kam nie wieder. Die vier Betreuer*innen die sich in den darauf kommenden Monaten dann auch dazu entschieden zu kündigen, kündigten dies zwar an, aber weg waren sie am Ende trotzdem alle. Okay, fast alle. Eine blieb. Sie ist mein Wörtermensch und hat weder mich, noch meine Wörter jemals fallen lassen. Und auch sonst gingen ziemlich viele Menschen, die mir wichtig waren oder denen ich vertraut hatte. Die Zuständigkeit beim Jugendamt wechselte so oft, bis ich einen Mann bekam, denn die Frauen vor ihm wurden beide schwanger, genauso wie meine Bezugsbetreuerin und die ein oder andere Person in meinem Umfeld. Schwangerschaft ist statistisch gesehen der häufigste Grund, weshalb Menschen aus meinem Leben gehen. Nicht, dass das für dich irgendeine Rolle spielen würde, aber ich möchte es erwähnt haben.

Wie geht ein Mensch mit so vielen Abschieden und Verlusten um? Ich habe keine gute Antwort auf diese Frage, aber ich weiß, dass ich mir am Anfang selber nicht erlaubte traurig zu sein, wegen Menschen, die nur wenige Monate Teil meines Lebens waren. Aber das ist nicht so schlau gewesen. Das ist nämlich das Problem mit Gefühlen, sie sind ja trotzdem da und *„Pain demands to be felt"*[1]. Ich bin kein Fan vom Verdrängen und unendlich lang ablenken kann ich mich auch nicht, also fühle ich es einfach und irgendwann kann ich nicht mehr weinen und es kommt der Punkt, da war ich genug traurig und dann kann ich mich für die Menschen freuen, die gegangen sind. Denn eine Schwangerschaft ist ein ganz toller Grund,

1 John Green „The Fault in our Stars"

um zu gehen. Außerdem wohnt Lilly jetzt in einem Haus, das in einem Dorf steht, in dem es im Winter immer schneit. Das ist auch ein toller Grund zu gehen. Und noch besser ist es, dass sie alle noch leben und vielleicht irgendwann meine Worte lesen werden.

Nichts ist für immer und niemand bleibt für immer. Aber so geht es allen Menschen, nicht nur mir. Bei mir war es vielleicht ein bisschen zu früh und vielleicht auch ein bisschen zu viel, aber *c'est la vie*. Die Einzige, die immer da bleibt und nicht weggeht, auch wenn ich sehr oft genervt bin und es mir wünschen würde, bin ich selbst. Also versuche ich mich mit mir zu arrangieren und „in mir selbst den Halt zu finden, den ich suche" wie andere es immer so schön sagen. Alleine klarzukommen muss ich erst lernen. Ziemlich witzig, denn Hilfe von anderen anzunehmen musste ich auch erst lernen. Das Einzige, was ein Mensch wohl nicht erst lernen muss, ist Atmen. Und selbst das muss ich erst noch richtig lernen. Aber ich kann dir sagen, es wird von Tag zu Tag leichter, irgendwie. Ich habe ganze Listen mit Dingen, die ich tun kann, wenn ich mich alleine fühle oder alleine bin. Am meisten hilft mir aber das Schreiben, denn unter so vielen Worten kann ich mich gar nicht einsam fühlen. Hätte ich mich nicht so unendlich allein gefühlt, hätte ich nie angefangen, dieses Buch zu schreiben.

Das Wundervolle an den ganzen Abschieden ist die Zeit davor. Denn dass es einen Abschied gibt bedeutet auch, dass es jemanden gegeben hat, der da war.

KAPITEL 5 SYSTEM CHANGE NOT CLIMATE CHANGE

WAS hat die Jugendhilfe mit dem System zu tun? Und welche Rolle spielt der Klimawandel dabei? Fragen über Fragen, aber gibt es Antworten?

Die meisten – auch ich – dachten lange Zeit, dass ich eine Aktivistin wurde, als ich 2019 damit begann, mich bei Fridays for Future zu engagieren und dort in die Organisation einstieg. Und das stimmt auch gewissermaßen. Fridays for Future hat mich und mein Leben auf jeden Fall nachhaltig verändert und geprägt, aber Aktivistin war ich irgendwie schon vorher. Abgesehen davon, dass wir alle jeden Tag aktiv sind, an dem wir uns dazu entscheiden unser Leben zu leben, selbst, wenn wir im Bett bleiben und nichts machen. Aber ich habe auch schon vor meiner Zeit bei Fridays for Future gemerkt, dass das System irgendwie nicht ganz so cool ist. Als wir dann für den Globalen Klimastreik im April 2020 ein großes Banner malten und an unseren Balkon hingen, fand ich, dass es kein Banner gebe, das besser zu unserer WG passte. Mit der Aufschrift „System Change, not Climate Change" hing da also monatelang dieses Banner an unserem Balkon und aus dem Fenster daneben hing eines mit der Aufschrift „Hört auf, unser Zuhause zu zerstören".

Die Jugendhilfe ist Teil des Staates und damit Teil eines Systems. Da wir in einem kapitalistischen Staat leben, ist auch die Jugendhilfe ein sehr kapitalistisches Konstrukt. So müssen z.B. alle Jugendlichen in der Jugendhilfe, die irgendwie Geld verdienen, sei es durch einen Minijob oder eine Ausbildung 25 % ihres Gehalts an den Staat abgeben; bis vor wenigen Wochen waren es noch 75 %. Das Argument der Behörden lautet, wenn ein Kind in der Lage sei, Geld zu verdienen, könne es auch seinen Unterhalt mitfinanzieren. Eine staatliche Unterbringung kostet nämlich ziemlich viel Geld und auch wenn uns pro Tag genauso viel Geld zum Essen zur Verfügung steht, wie Menschen, die vom Arbeitslosengeld II leben, kostet allein mein Platz im Monat weit über 3.000 Euro. Soweit, so gut, aber wo geht das ganze Geld hin? Das weiß ich auch nicht so genau. Auf jeden Fall bekommen alle Jugendlichen ein monatliches Taschengeld, das ihnen zur freien Verfügung steht, sowie Kleider- und Hygienegeld. Die Beträge sind nach Alter festgesetzt, aber in jedem Fall sind es nicht mehr als 3.000 Euro. Wo fließt also das ganze Geld hin? Fairerweise muss man sagen, dass es ja noch sowas wie Miete und Strom- und Wasserkosten gibt. Hinzu kommt, dass davon noch mindestens sechs Gehälter finanziert werden müssen, denn unsere Betreuerinnen arbeiten nicht umsonst hier.

Da wären wir wohl beim nächsten Problem im System. In meiner WG wohnen acht Jugendliche. Es arbeiten hier aber nur sechs hauptamtliche Mitarbeiterinnen und die ein oder andere Aushilfe. Wenn wir ganz viel Glück haben, bekommen wir noch eine Semesterpraktikantin, die dann für sechs Monate da ist und für die Sachen Zeit hat, die sonst liegenbleiben würden, z.B Zeit mit den Jugendlichen verbringen oder kochen oder so. Das klingt ziemlich hart, aber so ist es. Die sechs Betreuerinnen, die im Schichtdienst 24 Stunden am Tag und 7 Tage die Woche da sind, haben nämlich nicht so viel Zeit und das liegt nicht daran, dass sie nicht gerne kochen oder mit uns Kindern was unternehmen würden, sondern daran, dass die Zeit nicht reicht. Und eines kann ich ganz sicher sagen: in der Jugendhilfe reicht die Zeit nie. Eine Betreuerin, die zum Nachtdienst um 18 Uhr zur Arbeit kommt, hat genau 5 Stunden an dem Abend Zeit. Diese Zeit muss sie so einteilen, dass sie es schafft, für das Abendessen zu sorgen, Bürozeugs zu erledigen (E-Mails lesen, die Anwesenheitsliste ausfüllen usw.), die Kinder ins Bett zu bringen und im besten Fall auch noch Zeit zu haben, nicht nur Gute Nacht zu sagen, sondern auch noch zu fragen, wie der Tag war oder wie es den Kindern geht. Überraschung: das schafft sie nicht. Zumindest nicht bei allen. Und so entstehen Ungleichheiten, die einfach nur darauf zurückzuführen sind, dass das System nichts Besseres zu bieten hat, als sechs Betreuerinnen für acht Jugendliche.

Ich lag sehr oft abends weinend im Bett und hätte es gebraucht, dass irgendjemand für mich da ist. Irgendwann kam dann meistens auch eine Betreuerin, aber irgendwann ging sie dann auch wieder, weil entweder eine andere Jugendliche was brauchte oder das Telefon klingelte oder weil es schon spät war und die Betreuerin ja am nächsten Tag um sechs schon wieder aufstehen musste. Meistens ging es mir, nachdem sie da war, noch schlechter. Denn häufig ging sie in dem Moment, in dem ich sie am meisten gebraucht hätte. Sie hinterließ mich mit einem schlechten Gewissen, weil ich das Gefühl hatte, Zeit eingefordert zu haben, die mir nicht zustand, weil sie diese eigentlich gar nicht hatte. Zudem waren da ja noch sieben andere Jugendliche, um die sie sich kümmern musste. Mittlerweile habe ich mich damit abgefunden und ich weiß, dass, wenn sie geht, sie nicht geht, weil sie mich alleine lässt, sondern weil das System es ihr nicht erlaubt, länger da zu sein. Dabei sollte es nicht so sein, das wissen wir beide.

In Wohngruppen leben Kinder und Jugendliche, die zu Hause nicht gut genug umsorgt wurden, weil die Eltern sich nicht kümmern konnten. Meine Mutter war manchmal überfordert, allein mit drei Kindern. Sie brachte abends immer erst meine kleinen Geschwister ins Bett, bevor sie zu mir kam. Das dauerte so lange, das ich meistens alleine einschlief. In der WG ist es ganz ähnlich. Unter der Woche ist es oft sehr chaotisch und bis alle Jüngeren im Bett sind, bin ich es auch, und manchmal klopft dann auch niemand mehr an meine Tür, um „Gute Nacht" zu sagen. Das klingt nach einer Kleinigkeit, aber das ist es nicht. Jedes Kind, das in einer WG wohnt, braucht meistens viel mehr als Kinder im selben Alter, die in einem stabilen Zuhause aufwachsen. Entweder, weil es traumatisiert ist, weil es Verluste erlitten hat, weil es nicht genug Aufmerksamkeit und Liebe bekommen hat oder einfach alles zusammen. In jedem Fall ist das, was diese Kinder brauchen, ein sicheres Umfeld mit sicheren Strukturen und mit all dem, was sie zu Hause nicht bekommen haben. Und zu festen Strukturen gehört es eben auch, dass jemand vorbeikommt und Gute Nacht sagt. Dazu gehört es auch, den Bedürfnissen der Kinder gerecht werden zu können und sie zu halten, mit all dem Schmerz und den Verlusten, die sie mitbringen. Kinder und Jugendliche, die bereits so früh lernen mussten was es heißt, erwachsen zu sein, haben viel mehr verdient als eine Betreuerin die zwar da ist, aber irgendwie auch doch nicht. Sie sollten nicht irgendwann mit achtzehn aus der WG ausziehen und sich überlegen müssen, wie sie ihren Führerschein oder irgendwelche anderen Dinge finanzieren. Denn das kommt noch hinzu: der Platz in einer betreuten WG kostet so viel Geld, stellt aber trotzdem keine ausreichende Betreuung sicher und garantiert auch nicht, dass die Kinder an Klassenfahrten teilnehmen können oder, wenn sie dann ausziehen, finanziell abgesichert sind.

Wohngruppen haben außerdem noch einen anderen faszinierenden Aspekt. Wir haben Betreuerinnen. Wir werden betreut. Wie Tiere oder wie Erwachsene in Pflegeheimen. Unsere Betreuung wird sichergestellt. Aber von wem werden wir geliebt? Eigentlich ist das die Aufgabe der Eltern, der Familie, der Freund*innen. Aber Kinder wie wir haben oft keinen guten Draht zu unseren Familien und weil wir in der Vergangenheit oft mit anderen Sachen beschäftigt waren als Kinder im selben Alter, kommen auch oft Freundschaften zu kurz. Studien haben schon lange gezeigt, wie wichtig es für Kinder und Menschen im Allgemeinen ist, geliebt zu werden und zu lieben. Aber auch nach all den Jahren, die ich jetzt schon in der Jugendhilfe verbracht habe, würde ich nicht behaupten, dass ich jemals zu einer Betreuerin oder so gesagt hätte, dass ich sie liebhabe und auch andersherum war das nie der Fall. So etwas tut man nämlich nicht. Das ist unprofessionell und unsere Betreuerinnen machen hier schließlich „nur" ihren Job. Das klingt irgendwie schwachsinnig, aber das System sieht es so vor. Die Betreuerinnen hier wissen so vieles über mich, sie haben ganze Akten, wissen wo ich wohne, was ich esse, wie meine Noten sind, wie ich aussehe wenn ich morgens aufstehe und ich weiß fast gar nichts über sie. Nicht, wie sie wohnen, nichts über deren Familien und wenn ich ausgezogen bin, werde ich sie vielleicht nie wiedersehen. Obwohl es die Menschen waren, die mich begleitet haben, während ich erwachsen wurde. Das ist so ein Nähe- und Distanzproblem, was im Studium für soziale Arbeit sicherlich sehr viel besprochen wird. Wie bleibe ich professionell. Ich glaube, das ist eine Gratwanderung und ich kann ziemlich froh sein, dass es in den ganzen Jahren immer wieder Menschen gab, die das mit der Professionalität nicht so genau genommen haben, denn anders hätte ich es wahrscheinlich nicht geschafft. Ich brauche nämlich niemanden, der für mich kocht und dafür sorgt, dass ich zur Schule gehe. Ich brauche jemanden, der mich unterstützt und für mich da ist und dem ich wichtig bin und das nicht nur, weil ich ein Teil ihres Jobs bin.

Ich habe mich oft gefragt, wie es wohl gewesen wäre, wenn ich in eine Pflegefamilie gekommen wäre. Ich bin immer noch fasziniert von den unterschiedlichen Möglichkeiten, die so ein System für Kinder bietet, die nicht zu Hause wohnen können. Es gibt zum Beispiel Eltern, die sich nichts sehnlicher wünschen, als ein Kind, das sie als ihr eigenes bezeichnen und es lieben und großziehen können. Diese Eltern adoptieren dann ein Kind, meistens ein kleines. Dann gibt es Mütter, Väter, Eltern, die Kinder zur Pflege aufnehmen. Pflegen klingt auch irgendwie als ginge es um Tiere, aber es klingt immer noch schöner als betreuen. Und alles was ich darüber weiß, ist, dass Pflegefamilien auch mit dem Nähe- und Distanzproblem zu kämpfen haben, denn die Kinder dort bleiben meistens nicht für immer in der Familie. Aber ich weiß, dass diese Familien trotzdem versuchen, den Kindern alles an Liebe mitzugeben, was sie können. Und sie heißen auch Pflegemutter und -vater und scheinen enge Bezugspersonen zu sein, die die Kinder in ihr Haus aufnehmen, auch wenn es nur für eine bestimmte Zeit ist. Und dann gibt es eben noch diese Wohngruppen und Heime. Die Kinder dort werden betreut. In einer Einrichtung, in der die Kinder ihre Mitbewohner*innen später besser kennen, als ihre Betreuer*innen.

KAPITEL 5B DIE WLAN-REVOLUTION

Es gibt so vieles, was in dem Jugendhilfesystem falsch läuft. Aber es gibt auch Erfolgsgeschichten aus den ganzen Jahren. Da wären wir wieder beim Aktivismus. Ein System ist nur solange stabil, solange es unterstützt und getragen wird. Seit einigen Jahren gibt es eine Organisation, die sich Careleaver nennt. Das sind Menschen, die in irgendeiner Form mal in der Jugendhilfe gelebt haben und dann erwachsen geworden sind und die Hilfe verlassen haben. Sie haben mittlerweile ein ganzes Netzwerk aufgebaut und unterstützen sich gegenseitig und bieten Projekte für Kinder und Jugendliche, die in derselben Situation sind oder auf dem Weg sind, die Hilfe zu verlassen. Ich will nicht zu sehr ins Detail gehen, aber ich wusste ganz lange nicht, dass es so etwas gibt. Für mich war das Thema Jugendhilfe in der Welt außerhalb der WG nämlich einfach nicht da. Gefühlt wusste niemand etwas darüber und niemand redet gerne über seine Vergangenheit im Heim, also wusste ich auch nicht wo und wie viele es gab, die auch so oder so ähnlich aufgewachsen sind wie ich. Und ich wusste auch nicht, dass es da ein ganzes Netzwerk gibt, an das ich mich wenden kann, wenn ich irgendwann mal ausgezogen bin.

Auf jeden Fall haben Menschen, die bereits zu den Careleavern gehören, aber auch Jugendliche und sogar Erwachsene, die in dem System arbeiten, gegen die 75 % Regel protestiert. Sehr lange. Aber jetzt wurde sie geändert und wir müssen „nur noch“ 25 % abgeben. Immer noch zu viel, aber es ist immerhin ein Anfang und es zeigt vor allem: Wandel ist möglich. Auch in einem veralteten System wie der Jugendhilfe.[1]

Meine persönliche kleine, aber erfolgreiche Revolution war die WLAN-Revolution. Als ich 2015 in die WG kam, gab es kein WLAN in dem Haus. Dafür gab es einen PC, der den Mädchen zur Verfügung stand und über einen Server vom Träger betrieben wurde. Kurz gesagt war der Server genauso veraltet wie das System

1 Die Kostenheranziehung wurde 2023 abgeschafft.

und der PC somit zu nichts zu gebrauchen. Mit elf Jahren und gerade von Zuhause ausgezogen, hat es mich nicht so sehr interessiert ob es WLAN gab. Ich hatte weder Instagram noch Snapchat oder irgendwelche anderen Apps, wegen denen ich aufs Internet angewiesen gewesen wäre und Online-Schooling gab es damals auch noch nicht. Aber ich glaube die Debatte, dass wir WLAN fürs Haus brauchen, gab es damals schon. Mit der Zeit wurde das Thema WLAN auch für mich immer wichtiger und als es für uns quasi unmöglich wurde, unsere Schulaufgaben zu erledigen, weil sie am PC oder übers Internet gemacht werden mussten, war ich ziemlich genervt von dem ganzen Thema. Zuerst trugen wir unser Anliegen in Form von mündlichen Beschwerden bei der Hausleitung vor, dann sammelten wir Unterschriften im ganzen Haus und schrieben Mails an die Abteilungsleitung. Diese nahm uns einerseits ernst, vertröstete uns aber auch immer wieder. Im Sommer 2018 war es dann soweit und es wurde gebohrt und renoviert, denn unser Haus ist so alt, dass erstmal Leitungen gelegt werden mussten, damit es überhaupt einen Zugang zum WLAN geben konnte. Am 26. August 2018 hängte ich einen Zettel an den Schrank im Büro, auf dem stand, dass dies der Tag wäre, an dem unsere Wohngruppe im 21. Jahrhundert angekommen sei. Leider hielt die Freude nur kurz, denn mit dem WLAN kamen dann neue Probleme. Zunächst gab es Schwierigkeiten beim Einloggen, mit der Stabilität der Verbindung und bei der Funktionstüchtigkeit des WLANs im Allgemeinen. Diese Schwierigkeiten gibt es noch heute und niemand weiß so genau, warum. Das WLAN ist ein Dauerthema geworden und hat mich und andere, vor allem während Lockdown-Phasen I-III, sehr viele Nerven gekostet. Irgendwann im Frühjahr kamen die Betreuerinnen aufgrund von ein paar Vorfällen auf die glorreiche Idee, die WLAN-Router bzw. – Verstärker nachts immer auszustecken, damit die Mädchen nicht die ganze Nacht im Internet abhingen. Dann gingen die Verstärker kaputt und es dauerte ewig, bis diese repariert waren. Dafür gab es dann eine Internetsperre ab 23 Uhr und die Verbindung schaltete sich nachts von selbst ab. Kein Problem, werden sich ein paar Erwachsene jetzt denken, die Kinder sollen nachts doch sowieso schlafen. Theoretisch schon und theoretisch habe ich damit kein Problem. Aber das war während des Lockdowns, während es keine wirkliche Ablenkung vom Lagerkollaps gab, außer Serien zu schauen. Vor allem, wenn du den ganzen Tag damit beschäftigt bist, Schulaufgaben zu machen und nachzuarbeiten, weil du vormittags wegen der miserablen Internetverbindung fünfhundert Mal aus der Moodlesitzung rausgeworfen wurdest. Wenn du dann abends Serien schauen möchtest, um dich abzulenken während irgendeine deiner Mitbewohnerinnen wieder ausrastet, dann finde ich es völlig legitim zu sagen, dass das WLAN auch nach 23 Uhr noch funktionieren sollte. Auf jeden Fall war das ganze Haus genervt. Vom WLAN im Allgemeinen, aber auch davon, dass alle im ganzen Haus die Konsequenzen dafür tragen mussten, dass es zwei Mädchen gab, die sich nicht an die Regeln hielten. Also streikten wir. Wir malten ein riesengroßes Banner mit „Wir brauchen WLAN" und hingen dieses vor die Bürotür des Hausleiters. Dann schrieben wir eine Beschwerde und ließen alle Kinder und Jugendlichen im Haus unterschreiben. Wir schrieben eine Art Pressemitteilung in der wir erklärten, was wir taten und warum und ich schickte die Mitteilung an alle Mitarbeiter*innen, die ich bei unserem Träger kannte. Sämtliche Abteilungsleitungen und auch der Vorstand bekamen diese Mail, in der unter anderem angekündigt war, dass wir in einen Schulstreik treten würden. Das taten wir noch am selben Morgen. Es war zwar nur eine Schulstunde, in der unser WLAN teilweise wirklich nicht funktionierte bzw. der Moodleserver in der ganzen Stadt nicht ging, aber das musste ja der Vorstand nicht wissen. Wir saßen also ganz entspannt in der Küche, machten Pancakes und diskutierten mit unserer Betreuerin, die uns erklärte, dass es nichts bringen würde, wenn wir jetzt absichtlich noch mehr Unterricht verpassten. Danach setzte sie sich zu uns und aß mit. Wider ihrer Worte, brachten all die Aktionen sehr wohl etwas. Wenige Wochen später wurde ein Zugang zum WLAN eingerichtet, der auch nach 23 Uhr noch funktionierte und alle über 16 bzw. alle, die mit dem WLAN verantwortungsbewusst umgehen konnten, bekamen den Zugang dazu. Es wurde auch versucht das WLAN im Allgemeinen wieder zum Laufen zu bringen, aber wie gesagt, da weiß einfach niemand so genau, was das Problem ist. Aber was ist die Devise aus dieser Geschichte? Ich habe selber nicht daran geglaubt, dass sich etwas verändern würde durch unseren Protest. Ich war vor allem wütend zu dieser Zeit und wollte dies auch kundtun. Dass wir wirklich etwas erreicht haben, zeigt aber, dass es sich durchaus lohnt, auch konstant dranzubleiben an den Themen, die wichtig sind. Denn all die Erwachsenen, die in der Jugendhilfe arbeiten, haben so viel zu tun, dass sie oft vergessen, was wichtig ist oder unsere Sichtweise nicht mitdenken, aber wir können sie daran erinnern.

Das System. Das System und ich werden keine Freunde werden. Aber ich habe mich damit arrangiert. Mit einer Mischung aus Protest und Akzeptanz. Und manchmal auch mit ein paar Wegen, die ich um das System herumgegangen bin. Ich habe Menschen um mich, die genauso gut wie ich wissen, dass manche Regeln nicht sinnvoll sind. Es gibt Betreuerinnen, zu denen habe ich immer noch Kontakt, obwohl sie schon lange gekündigt haben. Und zum Glück, steht neben unserem Haus ein großes Architekt*innenbüro, in dem öfter mal lange und ausgiebig gefeiert wird. Wir beschweren uns aber nie, denn immerhin spenden sie auch regelmäßig für uns. Diese Architekt*innen haben mir in den letzten Jahren vermutlich mehr ermöglicht als der Staat, aber immerhin war ich auf diversen Klassenfahrten und konnte mir ein Kleid für meinen Abschlussball kaufen. Es gibt immer einen Weg. Auch in diesem blöden System. Und ich hasse es so aufrichtig, wie ich eben etwas hassen kann. Denn es hat mich so viel gekostet, es hat mir sehr viel genommen und es trägt nicht gerade zu meinem Wohlergehen bei. Es verhindert so vielen Kindern und Jugendlichen das geben zu können, was sie brauchen. Aber andererseits frage ich mich, ob ich wohl jemals Aktivistin geworden wäre, wenn ich nicht in diesem System der Jugendhilfe aufgewachsen wäre.

„YOU'RE NEVER TOO SMALL
TO MAKE A DIFFERENCE"
– GRETA THUNBERG

KAPITEL 6 DER FLUCH DER WG-BEZIEHUNGEN

WG-Beziehungen nehmen einen ganz entscheidenden Teil im Leben eines Kindes ein, wenn es in eine WG kommt. Die Kinder und Jugendlichen haben generell viele neue Beziehungen, wenn sie von zu Hause ausziehen, aber die meisten davon sind zu Erwachsenen. Seien es das Jugendamt, Vormünder oder auch die betreuenden Personen auf der WG. Aber neben den ganzen Erwachsenen gibt es auch Mitbewohner*innen und diese Beziehungen sind erfahrungsgemäß ganz besondere Beziehungen.

Ich liebe die WG. Ich liebe das Haus, die Zimmer, vor allem das Klavier im Keller und die Schaukel im Garten, aber auch die Menschen hier. Vielleicht fühle ich gerade alles intensiver, weil alles was ich momentan fühle, von ein wenig Abschiedswehmut begleitet ist, aber ich liebe die WG und vor allem das letzte Jahr hat mich nochmal anders über vieles denken und fühlen lassen. Meine Rolle in der Gruppe hat sich auch ungefähr zu dem Zeitpunkt komplett geändert, als ich angefangen habe dieses Buch zu schreiben, irgendwie schreibe ich dieses Buch auch aus Liebe zu den Menschen hier und weil ich das Bedürfnis hatte, dem ein oder anderen Menschen, der hier neu einzieht (oder mittlerweile bereits seit über einem Jahr hier wohnt, weil ich so lange brauche, um das hier fertigzubekommen) irgendetwas zu geben, was hilft, hier anzukommen und vor allem auch durchzukommen und zu überleben in diesem bescheuerten System der Jugendhilfe. Da war dieses eine 13-jährige Mädchen, das ganz neu auf die WG kam. Sie war sehr unsicher, alles um sie herum war neu, aber vor allem im Umbruch. In ihren ersten Wochen zogen weitere Mädchen aus und drei andere ein, ich kann mir nicht vorstellen, wie es für sie gewesen sein muss, aber ich weiß noch, wie komisch diese Zeit für mich war. Vor allem aber weiß ich, dass ich mit meinen damals noch 16 Jahren, meinen fünf Jahren auf der WG und dem stabilen Posten der WG-Ältesten, eine besondere

Rolle einnahm. Ich hatte direkt das Gefühl, dieses 13-jährige Mädchen schützen zu müssen. Ich wollte für sie da sein und bewundere sehr, wie sie es durch die ersten Monate auf der WG geschafft hat, denn das letzte Jahr war für alle sehr hart. Nach diesem 13-jährigen Mädchen zog eine 14-Jährige ein und es war wie Tag und Nacht, unterschiedlicher hätten zwei Mädchen im selben Alter kaum sein können. Die damalige Gruppe wurde noch durch zwei Geschwister ergänzt und diese vier Menschen bilden bis heute den stabilen Part der WG. Noch viel wichtiger ist aber, dass alle vier es innerhalb weniger Tage geschafft haben, sich in meinem Herzen einen Platz zu verschaffen und ich wurde in diesen Wochen im vergangenen Sommer vom Nesthäkchen zur WG-Mami. Die darauffolgenden Monate waren turbulent, aber schweißten uns als Gruppe zusammen und die Menschen wurden mir immer wichtiger, je mehr ich sie kennen und lieben lernte. Es gab unglaublich viel Streit und meine Nerven wurden sehr strapaziert, aber, wenn ich an das letzte Jahr denke, fallen mir zuerst die schönen Momente ein. So weiß ich noch, wie wir während einer Quarantäne mit dem Mädchen, das in ihrem Zimmer bleiben musste, Stadt-Land-Fluss spielten, indem wir im Garten unter ihrem Fenster saßen, um sie nicht nur zu hören, sondern auch sehen zu können. Ich weiß noch, wie mir Essen vor meine Tür gestellt wurde, als ich in Quarantäne war und ich erinnere mich an Tanzabende, die meistens eskalierten und bei denen irgendwann die ganze WG mitmachte.

Meine Beziehungen auf der WG waren auch schon vor diesem Jahr sehr besonders gewesen, aber eben anders. Irgendwie war es immer wie eine Ersatzfamilie, wenn ich zurückschaue, war es nie einfach nur eine Gruppe. Irgendwie ergänzte die Gruppe sich immer perfekt. Es gibt immer eine WG-Mami, die sich entweder um die anderen kümmert, weil sie schon lange da ist oder weil sie es einfach gut kann oder halt beides. Es gibt immer eine Ruhige, eine Laute, eine, die selten da ist, eine, ohne die die Abendessen immer sehr langweilig sind usw. Und zu jeder WG-Mami gehören eben auch „Kinder“, um die sie sich kümmern kann. Lange Zeit war ich eines dieser Kinder und es war wirklich schön. Meine Mitbewohnerin und beste Freundin, die nur ein Jahr älter ist als ich, war das andere Kind und wir waren zwei Jahre lang die „Kleinen“. Aber sobald Haley sechzehn wurde und die „Großen“ ihr eine Sektflasche zum Geburtstag schenkten, durfte ich auch all das machen, was Haley durfte. Als die „Kleinen" genossen wir den Schutz der „Älteren", die immer auf uns aufpassten und Rücksicht nahmen, aber wir waren auch die ruhigen, braven Kinder, die nichts anstellten und den Betreuerinnen keine großen Probleme bereiteten, während die „Älteren" abends spät nach Hause kamen und so manch andere Sachen taten, die Jugendliche eben halt so tun.

„Du bist nicht für die anderen verantwortlich" – wie oft ich diesen Satz in meinem Leben schon gehört habe, weiß ich nicht genau, aber vor allem sagen die Betreuerinnen ihn oft zu mir, wenn ich wieder für irgendwen auf der WG da war, obwohl es nicht meine Aufgabe war. Und das ist er, der Fluch der WG-Beziehungen. An sich ist die Gruppe, in der ich lebe, eine zufällig vom Universum oder vom Jugendamt bestimmte Zusammensetzung aus Menschen, die dazu gezwungen sind, sich das Bad, die Küche, die Fernbedienung und die Betreuerinnen zu teilen. Ich schulde diesen Menschen also nichts und sie sind nicht meine Freund*innen und auch nicht meine Familie, eigentlich. Eigentlich könnte es mir egal sein. Und sehr, sehr viele Beziehungen zu meinen Mitbewohnerinnen endeten an dem Tag, als sie auszogen oder wenige Monate später, wenn der Kontakt sich doch irgendwie verlor. Ich bin auch nicht wirklich traurig darüber in den meisten Fällen, aber bei wirklich allen war es so, dass, solange wir zusammenlebten, ich alles für diese Menschen getan hätte, um ihnen zu helfen. Ich weiß nicht genau warum, aber es ist so. Vielleicht sind wir sowas wie Schwestern im Leid oder so. Die WG ist sowieso so etwas wie eine eigene kleine Welt. Und niemand außerhalb versteht, wie sich das Leben hier zuträgt, niemand außerhalb versteht, wieso unser Besteck immer im Garten liegt, niemand außerhalb versteht, warum mein Auszug so schlimm ist, wenn ich doch nur ein Stockwerk nach oben ziehe, niemand außerhalb versteht wie es ist, mit sieben anderen Mädchen zusammenzuwohnen und nur diese sieben anderen Mädchen verstehen, warum ich mich so oft über unsere Regeln und unsere Betreuerinnen aufrege. Diese anderen sieben Mädchen verstehen genau, wieso man sich nach einem Kontaktgespräch schlecht fühlt und sie verstehen vor allem ziemlich viel davon wie es ist, im 21. Jahrhundert in einem Heim aka Wohngruppe zu leben.

Vielleicht liegt es also nicht in meiner Verantwortung, mich um diese sieben anderen Mädchen zu kümmern. Nein, es ist nicht mein Problem, wenn sie weinen oder es ihnen schlecht geht. Aber ich weiß, wie oft es mir schlecht ging wegen Themen, die Menschen von außerhalb nicht verstehen können. Und ich weiß, wie oft ich mir jemanden gewünscht hätte, der dasitzt, in meinem Zimmer, wenn es mir schlecht geht und die Betreuerinnen keine Zeit dafür haben, einfach da zu sein. Und so wie mir geht es auch den anderen sieben Mädchen und das ist der Grund, weshalb wir am Ende immer für einander da sind, egal ob es in unserer Verantwortung liegt oder nicht. Aber das ist es, was unsere Beziehung so besonders macht.

KAPITEL 6B ABGRENZEN

DAS ist eben aber auch sehr anstrengend. Es heißt nämlich, seine Bedürfnisse hinter die der anderen zu stellen. Das bedeutet dann auch die ein oder andere schlaflose Nacht und ein Verantwortungsgefühl, das du die ganze Zeit mit dir rumträgst. Zudem ist es sehr anstrengend für die anderen da zu sein, wenn es dir selbst gerade nicht gut geht oder es um Themen geht, die dich selbst sehr belasten. Deswegen ist es wichtig, sich abzugrenzen (das ist so ein richtiger pädagogischer Satz). Weil im Endeffekt bist du dann halt doch nicht verantwortlich dafür, wie es den anderen geht. Und auch bei mir kam irgendwann der Punkt, an dem ich mir selbst eingestehen musste, dass ich nicht immer helfen kann und es auch nicht immer möchte. Es gibt nämlich auch Grenzerfahrungen, die ich gemacht habe. Während meine Mitbewohnerinnen alle wissen, dass ich immer für sie da bin, wissen sie wahrscheinlich auch, dass ich schlecht Nein sagen kann und nehmen mich manchmal ein bisschen als zu selbstverständlich. So gab es immer wieder Mädchen, die wollten, dass ich nachts für sie die Tür aufmache, wenn sie nach Hause kommen oder ich ihnen Geld ausleihe, damit sie Schulden begleichen können oder dass ich Alkohol für sie kaufe, weil sie es selber noch nicht konnten. Und diese Grenzerfahrungen haben mir letztendlich beigebracht, auch Nein zu sagen. Das ein oder andere habe ich eine Zeit lang auch gemacht, aber ich selbst habe mich immer sehr schlecht dabei gefühlt und es war oft ein Zwiespalt zwischen „Ich will ihr helfen und keinen Streit“ und „Ich will keinen Stress mit den Betreuerinnen und steh‘ nicht hinter dem, was ich gerade tue“. Vor allem das „Ich stehe nicht hinter dem, was ich gerade tue“ war am Ende der entscheidende Punkt. Warum soll ich anderen Alkohol kaufen oder ihnen Geld für Drogen geben, wenn ich beides sehr stark ablehne (zumindest in solchen Situationen). Also habe ich das genau so gesagt, manchmal hat auch ein einfaches Nein gereicht. Und überraschenderweise war niemand wirklich sauer auf mich oder zumindest nicht lange. Und mittlerweile wissen auch die anderen, was ich okay finde und was nicht. Ganz so simpel, wie das jetzt klingen mag, war das natürlich nicht. Manche mussten auch die Konsequenzen spüren, wenn sie ein Nein nicht akzeptierten oder nie fragten, sondern einfach von meiner Hilfe ausgingen. So blieb die ein oder andere also nachts vor der Tür stehen, weil ich ihr nicht aufmachte und ihre Anrufe einfach ignorierte und vielleicht auch so tat, als würde ich schon schlafen (ich bin halt auch unglaublich konfliktscheu). Aber am Ende fragen sie mich nicht mehr danach und lernen meine Grenzen halt so kennen. Ich glaube, beide Wege, die ich gegangen bin, waren okay. Ich bin nämlich erst 17, weißt du und alles, was ich in den letzten Jahren hier gemacht habe, war okay. Ich bin keine Erwachsene und auch keine Sozialarbeiterin, die im Studium gelernt hat, wie man mit solchen Situationen und Menschen am besten umgeht. *I'm learning by doing* und da darf ich auch Fehler machen oder mal den einfacheren Weg wählen und muss mich nicht immer hinstellen und diskutieren, sondern darf auch einfach mal gekonnt ignorieren. Gekonnt ignorieren ist der Schlüssel für vieles hier. Zum Beispiel um nicht komplett durchzudrehen, wenn das Geschirr einfach verschwindet oder alles im Chaos versinkt. Das ist wohl nochmal ein anderes Thema, aber ich weiß, auch da ist es nicht so einfach sich abzugrenzen. Gekonnt ignorieren ist aber auch dann gut, wenn es um Probleme der anderen geht. Nicht jeder Streit auf der WG ist dein Streit. Nicht jedes Mädchen das weint, braucht deine Unterstützung. Und weil es manchmal schwer ist, das zu begreifen, zumindest so, dass es wirklich bei einem selbst ankommt, ist es besser, es einfach zu ignorieren. Der Streit wird sich lösen und das Mädchen hat auch noch andere, die sich um sie kümmern können. Wenn du immer springst, wenn es irgendwo auf der WG ein Problem gibt, dann kannst du entweder bald ziemlich gut springen oder du wirst selbst daran kaputtgehen, weil es einfach viel zu viel ist.

KAPITEL 6C DIE GUTEN ALTEN WG-ZEITEN

WIR Menschen reden viel zu selten über gute Sachen und verbringen viel zu viel Zeit mit unseren Problemen, deswegen dachte ich, ich teile einfach ein paar Kurzgeschichten von guten Momenten und Ereignissen auf der WG mit dir.

Ich glaube, ich hatte es bereits erwähnt (wenn nicht, dann kommt das irgendwo in den nächsten Kapiteln), dass im Februar 2017 ein Mädchen einzog, das ungefähr so alt war wie ich. Wir wurden mit der Zeit richtig gute Freundinnen und sind es immer noch. Aber einmal sagte eine Praktikantin zu uns: „Wisst ihr, du und deine beste Freundin, ihr könnt unglaublich viel Spaß zusammen haben, aber für die Menschen um euch herum, könnt ihr zusammen auch ziemlich anstrengend werden." Was soll ich sagen, sie hatte auf jeden Fall Recht, denn wenn die Menschen der WG dachten, dass es ganz entspannt mit uns ist, nur weil wir nicht jedes Wochenende zu spät kommen oder uns komplett zusaufen, dann hatten sie sich wohl getäuscht. Denn während die anderen an den Wochenenden einfach weggingen und ihren Spaß hatten, stellten Haley und ich regelmäßig die ganze WG auf den Kopf. Zum Beispiel schneite es einmal und weil Schnee in einer Kesselstadt sehr selten ist, wollten wir ihn nicht gehen lassen und haben ihn einfach ins Haus geholt. Es folgte eine Schneeballschlacht im Flur und unsere Betreuerin war danach noch lange damit beschäftigt, den Boden zu wischen. Damit war dieselbe Betreuerin wieder beschäftigt nachdem wir (da waren noch andere Mitbewohnerinnen dabei) die Kaffeekanne austauschten, weil wir sauer auf eine andere Betreuerin waren und ihr eins auswischen wollten. Die Kanne passte nicht zu der Kaffeemaschine (das wussten wir) und der Kaffee lief dann an der Kanne vorbei und war morgens um sechs überall auf dem Küchenboden verteilt. An dieser Stelle ein besonderes Danke an die Betreuerinnen, die uns trotz allem immer noch mögen und vor allem an die Betreuerin, die alles aufgewischt und nicht uns eins ausgewischt hat. Wir stellten viele so ein oder andere weniger schlaue Aktionen an, aber auch hier: *learning by doing* und ich kann ganz sicher behaupten, dass ich die Kaffeekanne nie wieder ausgetauscht habe.

Revolutionierend war auf jeden Fall das Jahr 2019, als ich wieder mit dem Tanzen anfing. Denn ich schleppte Haley immer mit mir mit und irgendwann verlagerten wir unsere Tanzeinlagen auch auf die WG und so entwickelten sich die besten Tanzpartys, an denen durchaus auch mal die ganze WG teilnahm. Und abgesehen davon, dass ich sie einfach unglaublich liebe, waren die Tanzpartys auch Momente, in denen ich die Menschen um mich herum auch ganz anders kennenlernte. Ich weiß noch wie lange es bei mir gedauert hat, bis ich mich getraut habe, so zu sein, wie ich bin. Ich habe zum Bespiel nie laut Musik gehört, geschweige denn mich getraut, vor irgendwem zu tanzen. Das kam alles erst und umso überraschter war ich, dass die meisten Tanzpartys im vergangenen Jahr stattfanden und all die Mädchen, die erst neu eingezogen waren, einfach mitmachten, nachdem wir ihnen einen Pfannenwender als Mikrophon in die Hand drückten und sie auf die Tanzfläche zogen.

Was ist jetzt die Conclusion aus diesem Kapitel? Naja irgendwie „Sei einfach du selbst". Denn du bist das, was in der Gruppe noch fehlt (für die perfekte WG-Konstellation). Sei du selbst und vertraue dir selbst. Wenn du für das einstehst, was dir wichtig ist und aufzeigst, was deine Grenzen sind und auch was dir wichtig ist, dann ist es für alle einfacher. Aber am wichtigsten ist wohl, traue dich, du selbst zu sein. Du hast nichts zu verlieren und wenn ich dir eines sagen kann, dann, dass wir alle ein bisschen verrückt sind und wer weiß, wer alles anfängt zu tanzen, wenn du erstmal die Musik angemacht hast.

Kapitel 7 Aufmerksamkeit

Das Leben auf der Wohngruppe ist ein ständiger Konkurrenzkampf, ein ununterbrochener Kampf um Aufmerksamkeit und eigentlich geht mir dieses Thema so sehr auf die Nerven, dass ich gar nicht darüber schreiben wollte. Aber es gehört genauso zur WG, wie ich oder der Schrank im Wohnzimmer. So, *let's talk about it.*

Es ist Dienstag, wir sitzen beim Abendessen. Noch bevor überhaupt alle etwas zu Essen auf ihren Tellern haben, fangen mehrere Stimmen an, wild durcheinander zu erzählen. Ich versuche, so viel wie möglich von dem aufzunehmen, was aus unterschiedlichen Mündern kommt. Alle wollen von ihrem Tag erzählen. Die Betreuerin versucht auch allen zu folgen, aber ich sehe, dass es ihr schwerfällt. Sie versucht es mit einem „Eine nach der anderen" und es wird etwas ruhiger und angenehmer, weil es dann nur noch eine Stimme ist, die ertönt. Zwischendrin wechseln sich die Stimmen ab, weil jede Atempause der einen dafür genutzt wird, um ihren Redebeitrag als beendet zu verstehen und selber etwas sagen zu können.

Es ist Mittwochabend und ich sitze mit meiner Betreuerin in meinem Zimmer, weil wir etwas besprechen müssen. Es klopft an meiner Tür und ein Mädchen schreit: „Elin, ich brauche dich." Auf ein „Ist es dringend?" erwidert die Stimme „Ja". Elin nimmt also ihr Telefon und ihre Schlüssel und verschwindet mit den Worten „Ich komme gleich wieder". Von draußen höre ich sie mit dem Mädchen reden, das ihr versichert, dass sie jetzt sofort eine Milchschnitte bräuchte. Danach höre ich, wie auch andere Stimmen nach Elin rufen und ich weiß, dass sie nicht gleich wiederkommt.

Es gibt acht Mädchen und eine Betreuerin. Das war so und es ist immer noch so und ich hoffe sehr, dass es nicht so bleibt, aber ich bezweifle es. Die Situation mit der Milchschnitte hing mir noch lange nach. Warum genau ist eine Milchschnitte wichtiger als ich, habe ich mich gefragt, während ich auf das „Ich komme gleich wieder" gewartet habe. Darauf hatte ich auch zwei Stunden später keine Antwort. Aber ich war enttäuscht. Obwohl es nichts Neues war. Ich weiß, dass, wenn sich eine Betreuerin für mich Zeit nimmt, sie das nur so lange kann, bis irgendetwas anderes dringlicher wird. Aber ich habe an dem Abend geweint und es ging mir nicht gut; außerdem hatte ich sowieso schon drei Tage warten müssen, bis Elin wieder Dienst hatte und überhaupt da war. Solche Situationen gab es sehr oft. Es war nur nicht immer die Milchschnitte, die an meine Tür klopfte, aber irgendwer klopfte immer oder das Telefon klingelte oder die Türklingel. In meinem Kopf klingelte es auch jedes Mal. Es war mein schlechtes Gewissen, denn ich fragte mich dann, warum ich überhaupt mit denen rede. Warum frage ich, ob sie Zeit für mich haben, wenn ich doch ganz genau weiß, dass sie nie genug Zeit haben und der Rest der WG im Chaos versinkt, sobald sie in mein Zimmer kommen. Dann war es auch noch so, dass an den Tagen, an denen es mir am schlechtesten ging, meistens auch bei allen anderen viel los war. Und während dann die Betreuerin in einem anderen Zimmer saß, versuchte ich mein schlechtes Gewissen oder mein unnützes Dasein mit hilfreichen Dingen zu überspielen und kochte Tee für alle, machte Wärmflaschen für alle und hörte den sechs anderen Mädchen zu, die nur kurz erzählten, dass es ihnen schlecht gehe. Die Betreuerin ging dann noch meistens zu den anderen. Und ich ging schlafen, weil ich es nicht übers Herz gebracht hätte zu sagen, dass es auch mir schlecht geht.

Acht ist eine große Zahl. Und eine zwölf Zimmerwohnung hat einen Flur, der so lang ist wie ein halbes Krankenhaus. Die Eins ist dahingegen sehr wenig. Wie soll also EINE Betreuerin den Bedürfnissen von acht Mädchen gerecht werden, die einen halben Krankenhausflur lang sind. Es geht nicht. Da entstehen dann Ungleichheiten. Denn eine Betreuerin kann durchaus mal sagen, dass ich mit meinen Sorgen und Problemen bis morgen warten kann und lieber schlafen gehen soll, aber sie kann nicht von einer Zehnjährigen erwarten, dass sie sich selbst ins Bett bringt und sie kann auch nicht einfach die drei Mädchen, die um 22 Uhr immer noch nicht zurück sind, vor der Eingangstür stehenlassen. Also muss sie sich darum kümmern. Das ist jeden Abend das gleiche. Die Zehnjährige muss jeden Abend ins Bett und den anderen muss immer hinterhertelefoniert werden. Einfach gar nicht zu kommen, ist übrigens auch eine Form von Aufmerksamkeit suchen.

Aufmerksamkeit suchen klingt so witzig. Als wäre sie irgendwo versteckt. Aufmerksamkeit ist ein Grundbedürfnis, aber sie ist nirgends versteckt. Wenn du auf einer Wohngruppe nach Aufmerksamkeit suchst, dann musst du schreien. Und wer am lautesten schreit gewinnt. Immer.

Elin musste dem Mädchen damals die Milchschnitte geben. Weil das Mädchen vor meiner Türe nicht aufgehört hätte zu klopfen und sie irgendwann geschrien hätte. Und ich weiß, dass Elin in der Hoffnung gegangen war, dem Mädchen die Milchschnitte zu geben, um dann in Ruhe wiederkommen zu können. Aber dann haben andere angefangen zu schreien. Ich habe nicht geschrien, ich habe einfach weitergeweint und dann noch mehr geweint, weil ich alleine war.

Ich schreie auch manchmal, aber es gibt auch andere Wege. Manchmal, wenn ich gesehen werden wollte, bin ich einfach gegangen. Dann hat mich niemand mehr gesehen und alle haben sich Sorgen gemacht. Wenn ich in meinem Zimmer sitze, machen sich die Betreuerinnen vielleicht auch Sorgen, aber die sind nicht so dringlich, deswegen äußern sie sie nicht. Betreuerin zu sein ist, glaube ich, ein ziemlich blöder Job in solchen Situationen. Du musst immer abwägen, was wichtiger und dringlicher in dem Moment ist und du weißt, dass du nie genug sein wirst. Und wenn es dann noch so Mädchen wie mich gibt, dann macht es das bestimmt nicht einfacher. Ich habe nämlich auch geschrien, sehr laut sogar. Aber meistens nur, wenn alle anderen leise waren. Dann war mein schlechtes Gewissen nicht so groß, weil ich wusste, dass die anderen versorgt sind. Dann habe ich geschrien und gemeint, dass sich niemand um mich kümmert und ich allen egal sei und dass ich nie wichtig genug wäre. Das war mein Schrei nach Aufmerksamkeit, die wir alle so dringend brauchen.

Ich brauche jemanden der da ist, wenn es mir schlecht geht. Ich brauche auch jemanden der zuhört, wenn ich von meinem Tag und von den schönen Sachen erzähle. Ich brauche jemanden der Tee kocht, wenn ich krank bin. Meine Mitbewohnerin braucht jemanden der da ist und einen Schlüssel für die Vorratskammer hat, damit sie ihre Milchschnitte bekommt. Eine andere Mitbewohnerin braucht jemanden, der ihr eine Geschichte vorliest und wir alle brauchen jemanden der uns zuhört, der da ist, der uns sieht.

Ich fühle mich immer schlecht, wenn ich schreie. Weil ich es hasse, wenn andere schreien. Erstens ist es laut, zweitens erinnert es mich an meine Eltern und drittens werden dann die Leisen nicht mehr gehört. Und ich möchte nicht schreien, ich möchte, dass auch die Leisen gehört werden, weil man manchmal nicht schreien kann, weil man schon zu tief gefallen ist. Ich fühle mich aber auch schlecht, weil ich die falschen Leute anschreie. Denn egal was meine Betreuerinnen machen, sie machen ganz selten etwas falsch. Vielleicht war das einzige was sie falsch gemacht haben, dass sie sich diesen Beruf ausgesucht haben. Aber sie sind keineswegs schuld, dass sie nicht da sind, wenn ich sie brauche oder dass sie mich nicht hören, wenn ich schweige. Meine Betreuerinnen sind Alleskönnerinnen, aber sie können sich nicht zerreißen. Wenn ich also auf jemanden sauer sein sollte, dann auf den Staat und auf das System, welches einen halben Krankenhausflur mit nur einer Betreuerin besetzt hat.

Du musst für das, was du brauchst, kämpfen. Die Frage ist nur, wie du das tust. Und das, was dir die Betreuer*innen anbieten können, wird nie genug sein. Aber du hast einen Platz in dieser WG, der genauso viel kostet wie der Platz der anderen und genauso wichtig ist. Du darfst deinen Anteil einfordern. Sag, was du brauchst. Oder wenigstens, dass du etwas brauchst. Wenn du nichts sagst, dann schweigst du so lange, bis irgendwann alles auf einmal aus dir herausbricht und dann wirst du so laut schreien, dass es wehtut. Die Menschen um dich herum können dir nur so viel geben, wie sie haben. Aber wir sind mit der Zeit alle ziemlich gut darin geworden, das System zu umgehen und Umwege zu nehmen. Vielleicht geht ja eine Betreuerin mit dir einen Umweg, indem ihr nach einem Termin noch spazieren geht und dann hat sie ein bisschen länger Zeit für dich. Ein bisschen ist ein bisschen mehr als nichts.

KAPITEL 8 FAMILYTIME

FAMILIE, das sind diese Menschen, die immer für einen da sind oder so. Familie, das sind diese Menschen, die zu irgendwelchen Prozenten dasselbe Erbgut enthalten wie du. Familie, das sind diese Menschen, die mich irgendwie ziemlich stark enttäuscht haben.

Ich kann und verstehe durchaus nicht alles, aber wer tut das schon? Ich verstehe zum Beispiel nichts von guten Mutter-Tochter-Beziehungen oder wieso man seinen Geburtstag mit Leuten feiert, die man eigentlich gar nicht mag, nur weil diese zur Familie gehören. Dafür kann ich andere Dinge ziemlich gut, zum Beispiel verstehe ich, wie ein Organigramm von dem Träger meiner WG aussieht und die Hälfte der Leute kenne ich auch. Ich verstehe ziemlich viel davon, was es heißt, zurückzustecken und ich verstehe, dass Menschen lieber wegschauen als hinzusehen. Und was ich besonders gut kann? Ich kann hervorragend schuld sein.

Meine Familie war schon immer ein sehr interessantes Konstrukt. Es ist wahrscheinlich wirklich einfacher das Organigramm zu verstehen, als einen Stammbaum meiner Familie zu zeichnen. Meine Eltern sind nach Deutschland eingewandert und Teile meiner Familie leben immer noch im Ausland, andere Teile wie meine Großväter zum Beispiel sind schon verstorben. Als ich in die WG kam, waren meine Eltern bereits seit drei Jahren getrennt und meine jüngeren Geschwister und ich lebten bei meiner Mutter. Zu der Zeit hatten wir sehr wenig Kontakt zu der Familie von meinem Vater, weil Rosenkrieg und so. Dafür hatte ich viele Gelegenheiten, andere Verwandte von meiner Mutter kennenzulernen, von denen die meisten in Deutschland leben. Als es Zuhause dann nicht mehr so gut lief und ich auch irgendwann auszog, wendeten sich viele von uns ab. Ich weiß nicht genau, warum. Aber ich weiß, dass niemand da war, zumindest niemand, dem ich vertraute. Warum sonst hätte ich als Elfjährige lieber mit Lehrerinnen und fremden Leuten vom Jugendamt gesprochen, als sich meiner Familie anzuvertrauen? Ich wurde im Nachhinein von Verwandten oft gefragt, warum ich denn nichts gesagt hätte, als es Zuhause nicht gut lief. Aber was hätte ich denn sagen sollen? Alle haben es gesehen und niemand hat etwas unternommen.

Aber es ist nicht so, als ob meine Familie jetzt für mich da wäre. Eher im Gegenteil. Mit den meisten habe ich gar keinen Kontakt mehr. Am Anfang war mir sehr viel daran gelegen, dass sich der Kontakt nicht verliert, aber viele Beziehungen waren sehr anstrengend für mich und vor allem einseitig und die meisten machten oder machen mir bis heute Vorwürfe, dass ich ausgezogen bin und meine Mutter im Stich gelassen hätte. Ich weiß nicht genau, was daran so schwer zu verstehen ist, dass es nicht meine Schuld ist, dass es so gelaufen ist, wie es ist. Aber irgendwie geht das in manche Köpfe einfach nicht rein. Und es macht mich wütend und ich bin immer noch sehr enttäuscht, wenn ich daran denke, wie oft ich hängen gelassen wurde.

Vor ein paar Jahren hatte das Jugendamt die tolle Idee, einen Familienrat einzuberufen, bei dem möglichst viele Familienmitglieder zusammenkommen und gemeinsam einen Plan ausarbeiten, der in Notfällen greift, wenn es Zuhause nicht gut läuft. Dieser Plan sollte mich entlasten, aber ich hatte dem Jugendamt schon im Vorfeld erklärt, dass es eine ziemlich blöde Idee sei. Einige aus meiner Familie kamen sogar zu diesem Treffen und am Ende des Tages lagen nicht nur einige Vorwürfe auf dem Tisch, sondern auch der fertige Notfallplan und ich musste zustimmen, dass ich mich an diesen halten würde. Das tat ich auch, ich war aber auch die Einzige. Denn der Plan bestand aus einer Telefonkette und aus Handynummern von Verwandten, die ich im Notfall anrufen sollte, die sich dann um mich und meine Geschwister kümmern würden. Als es einen Notfall gab, rief ich die erste Nummer an und die Person ging nicht ran. Irgendwann erreichte ich eine Tante von mir, die mir dann erklärte, dass die Situation doch sicher nicht so schlimm sei und sie jetzt nicht extra kommen wollte. Ich rief nie wieder bei ihr an.

KAPITEL 8B FESTIVAL DER KULTUREN, FESTIVAL DER PERSÖNLICHKEITEN

DER Umzug in eine Wohngruppe stellte so ziemlich alles in meinem Leben auf den Kopf. Ein Aspekt davon war der kunterbunte Kulturschock, den ich in meinem ersten Jahr auf der WG erlitt. Ich bin zwar meine ersten elf Lebensjahre mit meiner Familie in Deutschland aufgewachsen, aber richtig deutsch waren wir nie. Mein Vater hat erst dieses Jahr seinen Deutschkurs abgeschlossen und deswegen ist es allein schon sprachlich schwierig gewesen. Ich behrrschte weder die deutsche Rechtschreibung oder die Kommasetzung besonders gut, noch habe ich jemals russisch schreiben und lesen gelernt. Ein Kuddelmuddel also. Ein Festival der Kulturen gab es jedes Jahr an Weihnachten, wenn wir Heiligabend feierten, wie in Deutschland, am Morgen danach erst die Geschenke öffneten, wie in den USA und am siebten Januar dann in die Kirche gingen, wie alle Christen in Russland. Aber für meine Geschwister und mich ist das unser normales Weihnachten. Auch war ich es gewohnt, dass es abends und mittags warmes Essen gab, das war in der WG anders am Anfang, denn die Hauswirtschaftskraft kochte mittags und abends gab es Brot. Kulturell gesehen war die WG schon immer sehr gemischt aufgestellt. Ich lernte zum Beispiel auch, wie der Ramadan abläuft oder wie arabische Gerichte schmecken und zu irgendeinem Festtag brachte ein Mädchen mal zwei Goldfische mit nach Hause. Ich liebe es, wie unterschiedlich alle sind. Schlimm finde ich nur, dass ich selbst auch so unterschiedlich bin. Mir ist nämlich irgendwann aufgefallen, dass ich aus vielen unterschiedlichen Persönlichkeiten bestehe. Das hat mir ein wenig Angst gemacht damals und ich habe mich gefragt, welche dieser Persönlichkeiten ich eigentlich wirklich bin. Dass der kulturelle Aspekt da mit reinspielt, hat mir erst meine Therapeutin irgendwann erzählt. Davor dachte ich immer, dass es mich nicht belasten darf, dass ich mit unterschiedlichen Kulturen aufgewachsen bin, weil es ja eigentlich etwas Schönes ist. Aber schön ist es nicht mehr, wenn Teile deiner Familie anfangen, diskriminierende Aussagen zu tätigen. Schön ist es nicht mehr, wenn sie mit ihrem veralteten Weltbild nach Deutschland einwandern, um mir dann zu erklären, wie die Welt in der Sowjetunion vor 50 Jahren funktionierte. Und schön ist es auch nicht, wenn deine Familie ihre eigenen Traumata auf dich überträgt. So gesehen ist ziemlich viel auf kulturelle Quellen zurückzuführen. Das Leben vor fünfzig Jahren war generell anders, aber das Leben in der Sowjetunion war nochmal von ganz anderen Erfahrungen geprägt als das Leben in Deutschland. Das ist nicht wertend gemeint. Aber wenn ich im Geschichtsunterricht den Mauerfall und den zweiten Weltkrieg aus deutscher Sicht behandle und mich damit beschäftige, mit was sich die Deutschen zu der Zeit beschäftigt haben, dann verstehe ich sie vielleicht ein bisschen besser und kann nachvollziehen, warum manches so ist, wie es ist. Aber ich habe keine Ahnung von der Sowjetunion und die Menschen in der WG auch nicht. Ein Phänomen vieler Russlanddeutscher ist, dass sie ihre Kinder möglichst weit bringen wollen. So kenne ich einige Freundinnen mit russischen Eltern, die, ähnlich wie ich, jede Woche zum Tanzen, zum Klavierspielen und zum Zeichenunterricht gebracht wurden. Eine Frühförderung des Kindes sichere den Erfolg im weiteren Leben oder so. Es war bestimmt nicht böse gemeint von meinen oder den Eltern meiner Freundinnen, aber gut ging es mir nicht, als ich jeden Tag nach der Schule irgendwelche Kurse besuchte und nie Zeit für andere Dinge hatte. Außerdem mochte ich die strenge Tanzlehrerin nicht. Meine Lehrerinnen und auch das Jugendamt konnten nicht nachvollziehen, wie meine Eltern mir so viele außerschulische Veranstaltungen zumuten konnten. Sie kamen aber auch nicht aus der Sowjetunion, wie hätten sie das verstehen sollen.

Dieses Kulturintegrationsding ist wahrscheinlich einer der Gründe, wieso meine Familie die Wohngruppe so strikt ablehnt. In Russland leben Kinder nicht in Wohngruppen. In Russland gibt es nur Heime für Kinder ohne Eltern und ich habe doch Eltern. Und wenn sich die Eltern in Russland nicht um ihre Kinder kümmern, dann kümmern sich die Oma oder andere Verwandte. Vielleicht hat sich meine Familie nicht um mich gekümmert, weil wir nicht in Russland sind.

Dieses Kultur-Persönlichkeitsding ist blöd, wenn ich am Wochenende meine Geschwister bei meinem Vater besuche und das Gefühl habe, dort ein ganz anderer

Mensch zu sein als sonst. Dass jeder Mensch aus unterschiedlichen Teilen zusammengesetzt ist, wissen wir. Und dass man in der Schule anders ist, als wenn man bei seiner Familie ist, kennen die meisten von sich selbst auch. Aber bei mir kam noch diese Institution Wohngruppe hinzu. Sie ist mein Zuhause und dort habe ich gelernt, mich und meine Fähigkeiten und Interessen so zu entfalten, wie ich es möchte und nicht, wie es die Leute in Russland tun. Ich habe mich in der WG losgerissen von etlichen Vorstellungen meiner Familie, wie ich zu sein habe und gehe seit Jahren nicht mehr zum Klavierunterricht, nicht mehr zum Kunstunterricht und zu der strengen Tanzlehrerin gehe ich auch nicht mehr. Aber wenn ich meine Geschwister besuche, dann bin ich irgendwie wieder Teil dieser Familie und ein Teil der kulturellen Strukturen und Erwartungen. Gewissermaßen haben zumindest meine Eltern mittlerweile akzeptiert, dass ich nie so sein werde, wie sie es gerne hätten, aber da bleibt noch der Teil, der es noch nicht akzeptiert hat und der nervt mich.

Es hat auch Vorteile, in einer WG aufzuwachsen. Aktivist*innen sind meistens alle ein klein bisschen rebellisch unterwegs und das auch in ihrer Freizeit. So ist es wohl auch bei mir. Denn nachdem ich mich aus den festen Strukturen meiner Familie losgerissen hatte, habe ich nach und nach gemerkt, wer ich bin und was ich möchte. Davor war ich eher immer fremdbestimmt. Ich durfte zum Bespiel keine Hosen tragen, sondern nur Röcke und Kleider und das habe ich auch lange Zeit in der WG nicht gemacht. Meine erste Jeans hatte ich dann mit fünfzehn. Ich wurde christlich erzogen und bin zeitweise immer sonntags in die Kirchenschule gegangen. Damit habe ich dann auch aufgehört. In der Wohngruppe konnte ich in der Hinsicht machen was ich wollte. Niemand hat mir gesagt, was ich anziehen darf und was nicht, es gab lediglich ein Kurze-Hosen-Verbot, bei Temperaturen unter 15 Grad. Niemand hat mich gezwungen, in die Kirche zu gehen und ich musste keinem Hobby nachgehen. Lange hatte ich auch keins. Bis ich wieder mit dem Tanzen anfing, aber zu dem Zeitpunkt wollte ich es. Rebellischer unterwegs war ich viel mehr in den letzten zwei Jahren. In der Zeit habe ich nämlich noch andere Weltansichten kennengelernt. Ich weiß jetzt, was antikapitalistisch heißt und was Anarchie bedeutet. Aber darum geht es gar nicht. Ich habe aber auch gelernt, wie diskriminierend unsere Gesellschaft ist und wie tief rassistische Strukturen verankert sind. Dadurch habe ich auch gemerkt, wie viele rassistische und diskriminierende Anteile in meiner früheren Erziehung steckten. Das hat sich auch in meinen Denkweisen teilweise so verankert, dass ich mich selber dabei erwische, dass ich so denke und handle. Um dem entgegenzusteuern spreche ich das Thema wohl das ein oder andere Mal auch bei Familienfesten an, zu denen ich in der Regel immer noch hingehe. Wobei ich eigentlich selten diejenige bin, die irgendwas anspricht. Ich gehe nur zu diesen Festen, als die, die ich bin. Abgesehen davon, dass ich mich teilweise sehr zurückhalte und nach wie vor versuche, meine Persönlichkeit so zu verpacken, dass meine Familie mit mir klarkommt. Aber meine Familie findet immer irgendwas, das nicht ihren Weltansichten entspricht. So geht es seit sechs Jahren schon bei jedem Familienessen darum, warum ich kein Fleisch mehr esse. Seit zwei Jahren reden jetzt auch alle darüber, warum ich überhaupt keine tierischen Produkte mehr esse. Bis letztes Jahr war ich eigentlich immer recht brav und habe mit drei Sätzen versucht zu erklären, dass ich es moralisch verwerflich finde. Ich wollte aber nicht das rebellische Kind sein und ich wollte den Anforderungen entsprechen, die meine Familie an mich hatte. Aber letztes Jahr war es mir dann egal, ich fand es zu anstrengend mich immer zu verstellen und ich fing an darüber zu diskutieren, warum es unnormal sei, sich vegan zu ernähren, aber Tiere zu quälen nicht. Der Teil der Familie diskutierte nie wieder mit mir darüber.

Mit meiner Mutter diskutiere ich oft darüber, wieso ich meine Beine nicht rasiere oder wieso es nicht mein größtes Ziel ist, zu heiraten und Kinder zu kriegen. Mit meinem Vater habe ich diskutiert, als mein Bruder sich seine Nägel schwarz lackiert hat und mein Vater meinte, dass Jungs so etwas nicht dürften. Dass ich so viel diskutiere hat wahrscheinlich viel damit zu tun, dass ich die meiste Zeit mit Menschen verbringe, die sich für all das einsetzen, was meine Familie so schlecht findet. Ich bin halt Aktivistin. Aber Aktivistin bin ich nur, weil ich nicht mehr bei meiner Familie wohne. Niemals hätte meine Familie erlaubt, dass ich mich in solchen Kreisen bewege. Zum Glück hatten sie keine Kontrolle darüber. Denn ich bin nach wie vor ein Teil meiner Familie, aber ich wachse mit genügend Abstand zu ihr auf, so dass ich einfach gehen kann, wenn sie mich einengt. Ich kann so sein, wie ich bin, das ist ziemlich viel wert und ich wünschte, jedes Kind könnte das. Vor allem wünschte ich, dass niemand ausziehen muss, um diese Erfahrung machen zu können.

KAPITEL 8C MEIN KIND WÄCHST NICHT BEI MIR AUF

MAL ganz abgesehen von den kulturellen Komponenten, ist es für alle Eltern eine besondere Situation, wenn ihr Kind vom Staat in Obhut genommen wird und außerhalb der eigenen vier Wände aufwächst. Und da ist es ziemlich egal, ob die Eltern dafür selber verantwortlich sind oder nicht. Klarkommen mit der neuen Situation müssen sie alle. Aber erfahrungsgemäß gestaltet sich dies als sehr schwierig. So fragte mich meine Mitbewohnerin, die selbst schon seit über einem Jahr in der WG wohnt, wie meine Eltern akzeptiert hätten, dass ich in einer Wohngruppe lebe und wie ich mit ihnen und dem Thema umgehe. Ich glaube meine Antwort hat ihr nicht wirklich weitergeholfen, denn wirklich akzeptiert haben es meine Eltern immer noch nicht. Zumindest ein Elternteil hat es gar nicht verstanden, das andere hat es akzeptiert, aber versteht es trotzdem nicht. Ich wohne ja schon sehr lange in der WG und es ist viel passiert. Es gab auch Gerichtstermine und viele Gespräche und sehr oft haben ich und andere Leute meinen Eltern versucht zu erklären, warum ich nicht bei ihnen leben kann. Ganz einleuchten tut es ihnen trotzdem nicht, wahrscheinlich auch, weil meine Geschwister ja durchaus bei ihnen leben und nur ich nicht. Aber mit der Zeit und mit den Jahren hat mein Vater die Situation hingenommen wie sie ist und er freut sich, dass ich jetzt volljährig werde und er nicht mehr alle drei Monate zu irgendwelchen Gesprächen mit dem Jugendamt muss. Ich verstehe ihn, ich habe auch keine Lust auf diese Gespräche, aber es geht ja um mich, deswegen muss ich da wohl auch weiter hingehen. Für meinen Vater war wahrscheinlich irgendwann klar, dass ich jetzt schon über sechzehn bin und wir haben auch immer darüber gesprochen, dass ich mit siebzehn schon in eine eigene Wohnung ziehen könnte und dort weiterbetreut werden würde. Ich glaube die Tatsache, dass ich eine eigene Wohnung haben werde und dort wie eine „normale" Erwachsene leben werde, hat ihn dann beruhigt und es war nicht mehr so schlimm, dass ich nicht bei ihm lebe. Bei meiner Mutter ist es ein bisschen anders und sie fragt noch sehr oft, warum ich ausgezogen bin und nicht wieder zu ihr ziehen mag. Andere Teile meiner Familie verstehen es auch nicht und stellen dieselben Fragen. Für die Fragen habe ich durchaus Antworten parat, aber anscheinend nicht die richtigen, weil dieselben Fragen immer wieder kommen. Ich habe aufgegeben, nach der richtigen Antwort und Formulierung zu suchen. Schließlich muss ich mich auch nicht rechtfertigen, ich kenne meine Gründe und das reicht. Und ansonsten ist es wie bei kleinen Kindern, wenn du sie ignorierst, während sie dauernd die gleichen Fragen stellen, hören sie irgendwann auf zu fragen. Das ist jetzt nicht die schönste Lösung, aber es sind auch nicht die schönsten Fragen, die mir gestellt werden und ich würde lügen, wenn ich behaupten würde, dass es mich nicht trifft, wenn die gleichen Themen immer wieder ausgepackt werden. Ein paar Mal habe ich sogar Gedankenspaziergänge gemacht und versucht, die Situation aus der Sicht meiner Eltern zu betrachten. Das erschien mir aber als sehr kompliziert und vor allem als sehr schmerzhaft, denn mein kleines Herz hat seinen eigenen Schmerz noch nicht verarbeitet und es ist noch zu früh, um mir darüber Gedanken zu machen, wie das, was passiert ist, wohl für andere Personen gewesen sein muss.

Die Beziehungen zu meiner Familie gestalten sich also als schwierig. Nichtsdestotrotz habe ich einige Kontakte nicht aufgegeben. Ich weiß nicht, ob es anders wäre, wenn meine Eltern nicht mein Sorgerecht hätten, dann wäre ich nämlich nicht dazu gezwungen, mich mit ihnen zu beschäftigen und bei jeder Kleinigkeit ihr Einverständnis einholen zu müssen. Aber so musste ich mehr oder weniger mit ihnen im Kontakt bleiben und es ist auch mal mehr und mal weniger okay wie es jetzt ist. Ich habe eine Familie. Aber ich würde niemals sagen, dass sie für mich das Wichtigste auf der Welt ist und es gibt auf jeden Fall Menschen, die ich viel lieber zu meiner Geburtstagsfeier einladen würde, als Teile meiner Familie. Denn Familie ist ein wichtiger Baustein im Leben, das stimmt. Familie ist das Konstrukt, in das du hineingeboren wirst. Aber du kannst dir nicht aussuchen in welche Familie du hineingeboren wirst. Anders als viele denken und anders, als es in Russland der Fall ist, bin ich nicht der Meinung, dass du deiner Familie irgendetwas schuldig bist und nur, weil ihr euch irgendwelche Teile der DNA teilt, bist du nicht zu irgendetwas verpflichtet. Familie ist das, was du draus machst und

Zusammenhalt entsteht da, wo geliebt und gepflegt wird. Beziehungen wollen nämlich gepflegt werden und Kinder und auch Erwachsene wollen geliebt werden. Wenn beides nicht da ist, dann bringt dich die DNA auch nicht weiter. Meine Familie war größtenteils nicht da, als ich sie gebraucht habe. Andere Menschen dafür schon.

KAPITEL 8D AUSZIEHEN, UMZIEHEN, ZURÜCKZIEHEN – IRGENDWAS ZIEHT IMMER IRGENDWO (HIN)

TROTZ der ganzen schwierigen Familienverhältnisse und dem Kulturintegrationsproblem habe ich mich sehr oft gefragt, ob ich nicht doch wieder zu meinen Eltern ziehen möchte. Mal wollte ich zurück zu meiner Mutter, mal zu meinem Vater, dazwischen stand meine Oma auch mal zur Debatte, aber auf jeden Fall wollte ich aus der WG ausziehen. Ich kenne nicht eine einzige Mitbewohnerin, die sich die gleichen Fragen nicht auch schon mal gestellt hat. Wohngruppen sind stationäre Einrichtungen in der Jugendhilfe und Hilfen werden irgendwann beendet. Familienverhältnisse (leider) nicht. Vielleicht mache ich mir diese Gedanken auch immer wieder, weil ich immer wieder gefragt werde, wann ich denn zurückkomme. Vielleicht ist manchmal der Druck von meiner Familie zu groß, als dass ich standhaft bleiben und sagen kann, dass ich in der WG bleibe. Aber Sätze wie „Lass uns wieder eine normale Familie sein" und „Warum wohnst du in einer Wohngruppe, da bist du doch so allein ohne Mama und Papa" können mich halt auch ziemlich aus dem Gleichgewicht bringen.

Ich habe nie daran gedacht, meine Familie zu verlassen, weil ich ihr was Schlechtes wollte. Ich wollte auch nie das Kind sein, das ohne Eltern aufwächst. Und überhaupt ist es ziemlich anstrengend immer irgendwo hinzuziehen und noch anstrengender ist es, wenn an einem immer nur gezogen wird.

Meine Eltern sind ziemlich gut darin, aber auch andere Menschen hatten ziemlich feste Standpunkte. Und dann stehen da diese Erwachsenen mit ihren Standpunkten und meinen, mich auch zu ihrem Standpunkt bringen zu müssen. Und dann fangen sie alle an, an mir zu ziehen. Anstatt zu mir zu kommen und zu versuchen meinen Standpunkt zu verstehen. Vielleicht wurde auch so viel an mir gezogen, dass ich deswegen seit Jahren irgendwo in der Luft hänge.

Ich wollte oft zurückziehen. Dann würden die Erwachsenen endlich aufhören zu ziehen. Aber ich wollte vor allem zurück, weil in meinen Vorstellungen immer die Erinnerungen waren, die schön waren. Ich stellte es mir schön vor, wieder bei meiner Mutter zu leben und eine Mama zu haben, die da ist, wenn ich krank bin, wenn es mir schlecht geht, wenn ich abends nach Hause komme. Aber das war die Mama in meiner Vorstellung und dort blieb sie auch. Wenn ich in der Realität meine Mutter besuchte, war es immer ganz anders und wenn ich erst einmal dort war, dann konnte ich nicht schnell genug wieder von dort wegkommen. Weil die Enttäuschung und der Schmerz zu groß waren. Vor allem mit den Jahren haben wir uns immer mehr voneinander entfernt und auch unsere Lebensweisen. Nie wieder würden wir zusammenwohnen können, das war mir klar. Aber ich wollte trotzdem oft zurückziehen. Dann saß ich in Gesprächen mit dem Jugendamt und wir machten aus, dass ich jetzt eine Zeit lang öfter zu meiner Familie gehen würde. Eine Art langsames zurückziehen. Das machte ich ein paar Wochen mit, bis ich in den meisten Fällen dann wieder beim Jugendamt saß und ihnen mitteilte, dass ich gar nicht mehr zu meiner Familie gehen wollen würde. Weil ich dann merkte, dass es nicht gut war und ich mich dort nicht sicher fühlte. Ich hatte Angst, dass meine Eltern und vor allem meine Geschwister deswegen sehr enttäuscht und sauer auf mich wären und ich das nicht ertragen würde und ging deswegen dann immer monatelang gar nicht mehr dorthin. Bis ich wieder anfing an den Wochenenden hinzugehen. Die Wochenenden sind die Tage, die ich immer noch bei meiner Familie verbringe, aber zurückziehen werde ich nicht mehr.

Sich Gedanken darüber zu machen, ob du zurück nach Hause oder zurück zu deiner Familie ziehen möchtest, ist vollkommen okay. Vielleicht ist es sogar dein Ziel und möglich. Vielleicht machst du dir diese Gedanken auch nur, weil andere an dir ziehen. Dann lass sie an dir vorbeiziehen. Es sind Gedanken und Gefühle, die gehen auch wieder vorbei. Du hast alle Zeit der Welt, um dich zu entscheiden und keiner kann dich zu irgendetwas zwingen. Dein Platz in der WG ist der sicherste

Ort, den du haben kannst und niemand wird dich zwingen können, dort auszuziehen, wenn du das nicht möchtest. Außer du kommst auf die Idee, das Haus anzuzünden oder irgendwie anders zu randalieren. Deine Familie wird nicht weg sein und wenn sie dich wirklich lieben, dann werden sie auf dich warten und auch noch in zwanzig Jahren da sein, wenn du bereit bist, zurückzukommen und sei es nur für einen Tag. Mach das, was am besten für dich ist, vertrau dir selbst und manchmal auch den Betreuerinnen oder anderen Erwachsenen, die nicht Teil deiner Familie sind, denn die können dich auch mal davon abhalten eine unüberlegte voreilige Entscheidung zu treffen. Denn bist du erstmal ausgezogen, dann wird es schwieriger wieder zurückzukommen.

KAPITEL 8E DIE SACHE MIT DEM ZUHAUSE

ICH gehe an den meisten Wochenenden zu meinen Geschwistern, die bei meinem Vater leben. Ganz am Anfang meiner WG-Zeit gab es noch den Plan einer Rückführung, das bedeutet, in den Gesprächen wurde festgelegt, dass ich immer mehr Zeit bei meinem Vater zu Hause verbringen solle, mit dem Ziel, irgendwann wieder dort leben zu können. Da ich damals erst elf und später dann zwölf war, war das nicht so abwegig, denn niemand kann sechs Jahre vorausdenken und die wenigsten bleiben sechs Jahre lang in einer WG wohnen. Der Plan mit der Rückführung wurde nach einem Jahr verworfen und ich konnte selber entscheiden wann und wie ich zu meinem Vater gehe. Das war dann auch ganz unterschiedlich. Es gab gute Phasen, da kam ich jedes Wochenende und unter der Woche in den Mittagspausen und es gab weniger gute Phasen, da kam ich auch mal drei Monate nicht. Die Phasen waren nicht abhängig von mir, ich entschied nur, wie ich mit der Situation umging, die sich zu Hause bei meinem Vater abspielte. Heute gehe ich meistens jedes zweite Wochenende hin. Die Wochenenden dazwischen brauche ich für mich, denn es ist sehr anstrengend immer unterwegs zu sein.

„Zuhause" – wie lange ich mich gegen dieses Wort gewehrt habe. Ich habe ganz lange behauptet, dass ich keines hätte. Die WG sei nämlich keins und bei meinem Vater oder meiner Mutter würde ich ja auch nicht leben. Die Wahrheit ist, ich spielte mit diesem Wort, denn „Zuhause" lässt sich schwer definieren. Aber so vieles hängt an diesem einen Wort. Nach jedem Streit bei meinem Vater meinte ich, dass dort nicht mein Zuhause sei. In guten Phasen sagte ich durchaus auch mal Zuhause. Aber die WG wurde mein konstantes Zuhause. Wobei meine Familie immer wieder verwundert schaut, wenn ich sage, dass ich nach Hause gehe und damit die Wohngruppe meine. Meistens fragen sie dann nochmal nach, damit ich es ihnen verdeutliche und sage „Ich gehe zurück ins Heim" (wortgetreu übersetzt, denn – Überraschung – in Russland gibt es immer noch Heime und keine Wohngruppen). Die WG ist das Haus in dem ich wohne, der Ort, an dem ich die meiste Zeit verbringe und wo ich mich sicher fühle. Dort kann ich meine Sachen in der ganzen Wohnung verteilt rumliegen lassen und dort mache ich auch den Abwasch und räume auf. Wenn ich bei meiner Oma bin, mach ich das nicht, aber dort bin ich ja auch nur zu Besuch und nicht zu Hause. Aber was ist es denn bei meinem Vater? Wenn ich jedes Wochenende dort bin. Ich habe dort ein eigenes Bett und einen eigenen Schrank, sogar einen Schreibtisch und auch, wenn alles von meinem Bruder in Beschlag genommen wurde, gehört es theoretisch mir. An was mache ich ein Zuhause fest? Wenn es sich danach richten würde, wo ich überall meine Zahnbürste stehen habe, dann wären es nämlich schon insgesamt fünf Zuhause-Orte, die ich hätte. Eine steht natürlich in der WG, zwei oder sogar drei Bürsten bei meinem Vater, eine bei meiner Mutter, eine bei Haley und eine in der WG von meinen Freundinnen. Und ein bisschen so fühlt es sich auch an. Ich habe nämlich nicht nur ein Zuhause. Das habe ich mittlerweile gelernt. Mein Hauptwohnsitz ist die WG. Aber dann gibt es Zweigstellen. Ich weiß nur nicht, ob das immer so gut ist. Ich habe zwar ganz viele Möglichkeiten, wo ich nach der Schule hingehen kann, aber die ganzen Wohnungs- und Zimmerschlüssel immer mit mir herumzuschleppen mag ich nicht, weil sie alle zusammen ganz schön schwer sind. Kurzzeitig hatte ich eine richtige „Zuhause"-Krise. Es war kurz nachdem Haley ausgezogen ist. Sie wohnt auch immer noch im selben Haus, aber in einer der anderen WGs, welche eine Verselbständigungsgruppe ist, in der alle Mädchen ihr eigenes Zimmer mit Bad und Küche haben. Diese Zeit war sehr belastend für mich, weil Haley und ich es gewohnt waren, viel Zeit zusammen zu verbringen und ich deswegen fast jeden Tag bei ihr zu Besuch war. Wobei es sich nie anfühlte, als ob ich zu Besuch wäre, sondern eher, als wäre ein Teil von mir mit ihr umgezogen. Also wanderte meine Zahnbürste ziemlich schnell zu ihr und ich hatte mit ihrem Umzug ein Zuhause mehr. Aber versucht mal, so viele Zuhause in einem Alltag unterzubringen. Ich ging also unter der Woche zur Schule, in den Mittagspausen und an den Wochenenden zu meinem Vater oder meiner Mutter und jeden Abend nach der Schule war ich noch bei Haley. Da blieb ziemlich wenig Zeit, die ich in meinem Hauptwohnsitz verbrachte. Mein Bett fühlte sich sicher sehr vernachlässigt. Und ich, ich fühlte mich zerrissen. Und unruhig, weil ich immer auf dem Sprung war und nirgends richtig ankommen konnte. Also hörte ich auf jeden Tag zu Haley zu gehen und ging auch nicht mehr jedes Wochenende zu meinen Eltern. Seitdem bin ich ein bisschen ruhiger, zerrissen fühle ich mich manchmal aber immer noch. Und so ein richtiges Zuhause, wo ich immer sein kann und wo ich nicht ausziehen muss, wenn der Staat nicht mehr weiterzahlt und wo ich geliebt werde, bedingungslos, das habe ich nicht.

Es ist okay, wenn es bei dir nicht so gut läuft mit deinen Eltern oder deiner Familie. Niemand von ihnen steckt in deiner Haut und es wird immer Menschen geben, die meinen zu wissen, was das Beste für dich ist und was du tun solltest. Hauptsache du weißt, was für dich gut ist und was nicht. Und wenn dir deine Familie nicht guttut, dann geh nicht hin, geh nicht ran, wenn sie anrufen und lass sie sauer sein. Lass sie dir Vorwürfe machen, aber hör nicht hin. Lass sie sauer sein, aber fühl dich nicht angesprochen. Ich weiß, dass es weh tut. Weh tut von den Menschen im Stich gelassen zu werden, die dich lieben und großziehen sollten. Aber da sind andere Menschen, die sind da und lassen dich nicht im Stich. Und dass du heute keinen Kontakt zu deinen Eltern hast, bedeutet nicht, dass es nie wieder so sein wird. Dass sie dich heute nie verstehen, bedeutet nicht, dass sie dich niemals verstehen werden. Manchmal braucht es einfach Zeit und vor allem Abstand. Und solange kannst du einfach die Vorteile einer Wohngruppe genießen und ganz so sein wie du bist, ohne dass jemand irgendwelche Erwartungen an dich stellt.

KAPITEL 9 THERAPIE UND DAS SOZIALE NETZWERK

DIE Menschen, die behaupten, sie bräuchten keine Therapie, brauchen sie am meisten – und hier ist das nächste Tabuthema. Wie viele Leute in deinem Umfeld gehen in eine Therapie? Und wie viele von ihnen reden darüber? Bestimmt sind mehr Leute in deinem Umfeld bei einer Therapie, als du denkst. Viele reden nämlich nicht darüber. Kein Wunder, dass ich bis 2016 keine Ahnung hatte was eine Therapie ist und wie genau sie aussieht. Heute kann ich stolz behaupten, ich kenne mich sehr gut aus in diesem Gebiet.

Es war also 2016. Das Jahr hatte gerade erst begonnen und es hatte mal wieder eine Betreuerin gekündigt. Sie war aber nicht irgendeine Betreuerin, sondern die Beste, wie wir damals immer sagten. Nachdem Lune, meine erste Bezugsbetreuerin weg war, war Grace meine engste Vertraute, die zwar nicht meine Bezugsbetreuerin war, aber die mir so einiges beigebracht hat und die immer da war, wenn ich sie brauchte. Und so besonders wie sie damals war, so besonders ist sie heute immer noch. Denn sie ist dageblieben. Obwohl sie gekündigt hat, weil sie in die Leitungsebene gegangen ist. Wir telefonieren immer noch sehr oft und das tun wir regelmäßig seit Anfang 2016. Sie ist meine konstanteste und zuverlässigste Beziehung und sie ist mein Wortmensch, denn sie hat die meisten meiner Geschichten und zusammenhanglosen Wörter gelesen und aufgefangen. Als sie kündigte, versprach sie mir, dass sie mit mir nach Unterstützung für mich suchen würde, auch wenn sie offiziell nicht mehr für mich zuständig war. Und sie hielt ihr Versprechen. Ich finde es voll schön, dass sie es damals Unterstützung genannt hat und nicht Therapie, das klingt nämlich irgendwie verständlicher. Grace holte mich also nach der Schule ab und wir gingen zu einem Termin bei einer Therapeutin. Das Gespräch lief gut, aber die Frau schien nicht ganz mit mir auf einer Wellenlänge zu sein und ich hatte kein gutes Gefühl. Also suchten wir weiter und wir hatten noch bei zwei oder drei weiteren Therapeutinnen Termine. Aber irgendwie passte es bei denen auch nicht und nach dem vierten Mal alles von vorne erzählen und irgendwelche Häuser zeichnen, die dann analysiert wurden, hatte ich keine Lust mehr. Irgendwie verlief die Suche nach Unterstützung im Nichts. Grace merkte mit der Zeit, dass sie doch nicht so viel Zeit hatte, während sie sich jetzt um eine ganze Abteilung kümmerte und nicht nur um acht Mädchen und ich weiß auch nicht mehr so genau was ich zu der Zeit tat, aber irgendwas war immer los. Ich glaube erst ein Jahr später wurde das Thema Unterstützung erneut aufgegriffen. Zu dem Zeitpunkt ging es mir psychisch aber auch schon viel schlechter und mein Unterstützungsbedarf war riesig. Das merkten auch meine Betreuerinnen und schickten mich in die PIA (Psychiatrische Institutsambulanz). Das Gespräch dort war gut, aber auch die Psychologin wurde schwanger und dann ging ich da erstmal auch nicht mehr hin. Irgendwann kam ich aber wieder. Dieses Mal saß ich bei einer Psychiaterin, die mir auch ein Antidepressivum verschrieb, damit ich nachts besser schlafen konnte. Meine Unterstützung bestand also drei Monate lang aus Tabletten, die mich so müde machten, dass ich morgens nicht mehr richtig aufwachte und den Tag im Halbschlaf erlebte. Also entschied ich mich gegen diese Form der Unterstützung. Im Sommer 2019 entschied irgendjemand, dass es gut wäre, wenn ich stationäre Unterstützung bekäme. Im September ging ich dann für vier Wochen in eine Tagesklinik. Das heißt, dass ich tagsüber in der Klinik war und dort die Schule und unterschiedliche Therapien besuchte, nachmittags aber wieder nach Hause ging und an Wochenenden frei hatte. In den vier Wochen holte ich mir aber an beiden Armen gleichzeitig eine Sehnenscheidenentzündung und konnte weder schreiben, noch an der Kunsttherapie teilnehmen oder mein Essenstablett selber tragen. Und alle, die noch nie in der Tagesklinik waren, wissen nicht, dass man dort die meiste Zeit des Tages herumsitzt und auf die nächste Therapie wartet. Bei uns gab es einen Aufenthaltsraum und es war ziemlich anstrengend, vor allem, weil alles an Ablenkungsmöglichkeiten wegfiel, da ich meine Hände nicht benutzen konnte zum Schreiben, Malen oder Spielen. Ich brach den Aufenthalt dort auch deswegen ab, aber auch, weil ich nicht das Gefühl hatte, dort die richtige Unterstützung zu bekommen. Ich kürze mal ab, denn meine Suche-nach-Unterstützung-Geschichte ist sehr lang. Es folgte noch zwischenzeitlich eine Kurzzeittherapie bei einer sehr netten Therapeutin, die nur leider den falschen Schwerpunkt hatte und ein vollstationärer Klinikaufenthalt, der auch abgebrochen wurde. Ich fand also irgendwie auch Ende 2019 nicht die Unterstützung, die ich 2016 angefangen hatte zu suchen. In dem Jahr ging es mir so schlecht, dass ich dachte ich würde fallen und niemand würde mich auffangen. Aber das Jahr nahm dann noch eine gute Wendung und zwar so ziemlich um 180°. Ende des Jahres fand ich sogar eine Therapeutin, die sich sehr viel Zeit nahm und die mir zwar nach wie vor in jeder unserer Stunden erzählt, dass es ihr sehr leidtut, was mir passiert ist oder dass ich niemanden habe, der bedingungslos für mich da ist. Aber ich mag sie und ich würde auch nicht mehr wechseln, weil sie die siebte oder achte ambulante Therapeutin ist, bei der ich bin. Unsere Beziehung ist sehr ambivalent und es gab schon viele Momente in denen ich die Therapie gerne abgebrochen hätte, aber dann fällt mir wieder ein, dass sie die einzige Person ist, die sich konstant jede Woche fünfzig Minuten Zeit für mich nimmt. Das ist nicht viel, aber das ist mehr, als wenn ich nicht mehr zu ihr gehen würde. Also gehe ich da immer noch jede Woche hin.

In der ganzen Zeit gab es nur sehr wenige Menschen, die von meiner Suche nach Unterstützung wussten. Denn je mehr ich mich mit dem Thema Therapie und mentale Gesundheit befasste, auf desto mehr Schweigen stieß ich. Ähnlich wie bei dem Thema Wohngruppe und Heim gibt es auch bei dem Thema sehr viele Barrieren in den Köpfen der Menschen, die in einer Leistungsgesellschaft wie unserer groß geworden sind. Wer redet denn schon gerne darüber, dass er sich Unterstützung holt, weil er alleine nicht zurechtkommt. Das würde ja bedeuten, dass die Person weniger leistungsfähig ist und das entspricht nicht dem Ideal unserer Gesellschaft. Ich habe also auch entschieden, zu schweigen. Nicht nur in Gesprächen, sondern auch in der Schule und vor meiner Familie. Vor allem vor meiner Familie. Meine Eltern und somit meine ganze Familie wussten zwar von meiner Reise durch die Welt der Psychologie, aber sie verstanden es nicht. Sie verstanden nicht, warum es mir schlecht ging und auch nicht, warum ich Hilfe brauchte. Ich glaube, das lag nicht nur daran, dass die Dolmetscherin sich nicht besonders große Mühe gab, dasjenige, was Betreuerinnen und Ärzt*innen meinen Eltern erklärten, zu übersetzen, sondern eher daran, dass sie es nicht verstehen wollten. Oder vielleicht liegt es auch daran, dass Leute in Russland nicht zur

Therapie gehen, ich weiß es nicht so genau. Meine Eltern machten mir lieber Vorwürfe und verdrehten Tatsachen, sodass ich mich noch schlechter fühlte.

Meine Suche nach Unterstützung. Therapie. Ich fand in der Therapie nicht die Unterstützung, die ich suchte. Aber die Therapie schadet mir nicht. Und für irgendetwas wird sie schon gut sein, da bin ich mir ganz sicher. Denn alles, auch die sechs Therapeutinnen davor und die abgebrochenen Klinikaufenthalte waren zu irgendetwas gut. Und wenn es nur dafür war, dass ich gemerkt habe, was ich nicht brauche und was mir nicht hilft. Irgendwo zwischen den ganzen Dingen, die mir nicht geholfen haben, waren nämlich immer Sätze oder Angebote versteckt, die mir irgendwie doch halfen. Und wenn es nur die Menschen waren, die ich in den Kliniken kennenlernte. Ich lernte vor allem nicht nur die Menschen kennen, sondern auch mich selbst und ich musste lernen, dass mich niemand auffangen kann. Nicht mal eine vollstationäre Klinik, in der immer jemand da ist. Ich musste fallen und dann selber aufstehen. Dazwischen lag ich eine ganze Weile rum, so von April bis September. Aber im September stand ich auf und ging in die Schule. Ab da stand ich jeden Tag auf und eine Woche später stand ich beim Globalen Klimastreik. Seitdem stehe ich immer auf, weil es Menschen gibt, die nicht aufstehen können für ihre Rechte.

KAPITEL 9B WHAT THE HEALTH?!

WAS ist eigentlich Gesundheit? Das frage ich mich schon seit Jahren und ich kann mich an keinen Tag erinnern, an dem ich nicht auf irgendeine Art und Weise krank gewesen bin. Meine Oma würde sagen, es liegt an meiner Ernährung, dass ich so oft krank bin. Dass ich ein sehr schlechtes Immunsystem habe, streite ich nicht ab, dass es an meiner Ernährung liegt aber schon. Meine Ärzt*innen sind auch nicht einverstanden mit der These meiner Oma und sind sich untereinander eher einig, dass mein Kranksein auf meine Psyche zurückzuführen ist. Oh, wie sehr ich meine Ärzt*innen hasse, wenn sie wieder auf irgendeine Krankschreibung als Ursache „Somatisierungsstörung" schreiben. Ich wehre mich gegen die „Deine-Psyche-ist-der-Grund"-Theorie, seit ich irgendwann gelesen habe, dass man solche Krankheiten nicht mit Tee und Hustenbonbons und auch nicht mit einem Tag im Bett-liegen-bleiben lösen kann. Stattdessen wird in solchen Fällen eine therapeutische Anbindung empfohlen, die ich schon fast genauso lange habe, wie diverse Schmerzen. Und die beiden scheinen sehr gut miteinander zu harmonieren. Ansonsten empfiehlt sich noch Meditation oder irgendwelche Sportarten, die den Körper und die Seele wieder in Einklang bringen sollen. Das gefällt mir nicht, denn warum muss ich mich jetzt auch noch extra anstrengen um gesund zu werden? Als hätte ich nicht schon genug Ungerechtigkeiten in meinem Leben und als wäre es nicht genug, dass meine Familie schon an mir zerrt, dann zerstört sich mein Körper von innen heraus auch noch einfach selbst.

Nachdem ich jetzt mittlerweile mit fast allen Körperteilen durch bin, die auf irgendeine Art und Weise krank waren oder sind, habe ich keine Lust mehr und habe wirklich mit Meditieren angefangen. Es hilft sogar. Manchmal. Aber es ist nicht immer alltagstauglich, denn Krankschreiben tut mich kein Arzt mehr und im Unterricht sitzen und sagen „Hey, ich bin grade nicht ansprechbar, ich meditiere" kann ich auch nicht. Deswegen sitze ich im Unterricht und habe Schmerzen. Kopfschmerzen, Bauchschmerzen, Gelenkschmerzen, Rückenschmerzen. Wenn ich's nicht besser wüsste, würde ich denken, ich bin achtzig Jahre alt.

Ich weiß mittlerweile, dass es viele Kinder gibt, die auf Stresssituationen mit Schmerzen reagieren. Das Wort Stress kannte ich vorher auch nur aus Mündern von Erwachsenen, denn warum sollten Kinder Stress haben. Aber wenn Erwachsene Kinder stressen, dann können diese Kinder auch Schmerzen bekommen. Und mich stressen sehr viele Erwachsene. Zum Beispiel die, die in der Politik sitzen und nichts gegen die Klimakrise tun, aber auch Erwachsene wie meine Eltern oder Erwachsene, die für das System arbeiten und prinzipiell alle stressen, so wie meine Lehrer*innen. Kinder die in Wohngruppen leben, haben alle auf irgendeine Art und Weise Stress. Also sollten sie doch alle Schmerzen haben, oder? Ich bin mir sicher, das dem auch so ist. Manche verstecken es nur besser. Und viele erzählen nichts davon. Denn wenn du zum dritten Mal in einer Woche vor deiner Betreuerin stehst und ihr erklärst, dass du schon wieder Schmerzen hast, aber immer an anderen Stellen, dann kommst du dir selber irgendwann verrückt vor.

Aber das hat nichts mit Verrücktsein zu tun, sondern mit der Psyche. Die meisten Menschen reden aber nicht über ihre Psyche. Und auch nicht über ihre Gesundheit. Kein Wunder, dass ich es nicht cool fand, wenn dann Diagnosen psychischer Herkunft in meiner Krankschreibung standen. Denn nicht mal die Ärzt*innen redeten darüber. Sie schrieben die Diagnose rein und dachten wahrscheinlich, dass ich nicht wüsste wie googeln funktioniert. Ich hatte also irgendwas an der Psyche, wo mir kein Tee helfen konnte, aber auch kein Arzt, weil der redete ja nicht mit mir. Was sollte ich also tun? Es hat sehr lange gedauert, bis ich es für mich akzeptieren konnte. Wenn es mir von Anfang an jemand richtig erklärt hätte, hätte ich vielleicht früher mit dem Meditieren angefangen. Was übrigens keine Allheilmittellösung ist. Aber dann hätte ich vielleicht schon früher akzeptiert, dass ich andere Lösungen als Tee und Schlafen suchen muss, um gesund zu werden.

Dieses ganze Thema rund um meine Gesundheit geht mir immer noch sehr auf die Nerven. Für manche Sachen haben sich Lösungen finden lassen. Zum Beispiel bin ich nicht mehr so oft erkältet, seit es Coroni gibt und alle mit Masken im Gesicht rumlaufen. Aber für andere Schmerzen habe ich immer noch keine Lösung und manche kommen immer noch neu dazu. Ich habe keine Lust mehr, zu Ärzt*innen zu gehen und allgemein keine Lust mehr, darüber zu reden. Deswegen halte ich die meisten Schmerzen manchmal einfach aus. Ich habe keine gute Lösung was das ganze Thema angeht. Vielleicht hat sie ja jemand anderes oder vielleicht würde sich eine finden, aber dazu müssten Menschen erstmal aufhören mit dem Schweigen und Abstempeln und damit anfangen, zu reden.

KAPITEL 9C DAS SOZIALE NETZWERK

MEIN soziales Netzwerk – damit meine ich nicht die sozialen Medien, sondern mein ganz persönliches Netz. Ich weiß gar nicht, wer auf diesen Begriff kam, mir wäre sicher ein besseres Symbol eingefallen, aber auf jeden Fall sind mit diesem Netz die Menschen gemeint, die für mich da sind und sich in irgendeiner Art und Weise um mich kümmern. Zu diesem Netz gehören die Betreuerinnen, das Jugendamt, die Schulsozialarbeiterin, meine Freund*innen und Grace. Und bis Anfang August war Lilly auch noch ein Teil davon. Das hört sich nach ganz schön viel an, aber dieses Netz gab es nicht immer und vor allem ist es nicht beständig. Denn Netze reißen schnell. Außer Fischernetze, aber die zerstören Leben, anstatt sie zu schützen.

Wenn wir mein Netz genauer betrachten, wirst du merken, dass die meisten davon in meinem Netz sind, weil es ihr Job ist. Also eigentlich alle außer meinen Freund*innen und die gibt es noch nicht so lange. Alle anderen sind da, weil sie es müssen und vielleicht auch wollen, aber hauptsächlich, weil es ein Teil ihres Berufes ist. Beruf bedeutet aber auch, dass man jederzeit kündigen kann. Für mich bedeutet das, dass die Leute jederzeit weg sein können. Und da sind sie auch nur, wenn sie gerade arbeiten. Bei Grace und dem Jugendamt bedeutet das zum Beispiel nur an Werktagen und auch nur bis zum Feierabend. Ich kann mich zwar zu jeder Zeit melden, denn ich weiß wie man eine Mail schreibt und die kommt jederzeit an und auch der Anrufbeantworter ist ein zuverlässiger Dienst. Rückmeldungen bekomme ich dann leider erst wieder ab neun Uhr morgens und auch nur von Montag bis Freitag. Wenn ich also entscheiden sollte, mich an einem Freitagabend fallen zu lassen, würde Grace das frühestens Montagmorgen bemerken. Wie tief kann ich innerhalb von 63 Stunden fallen? Würde sie mich dann überhaupt noch sehen?

Das Gute an einem Netz ist ja, das es aus unterschiedlichen Teilen besteht, vielleicht habe ich ja Glück und falle an der Stelle, an der das Netz gerade stabil und vorhanden ist. Vielleicht ist es ja ein Freitagabend, an dem Alice da ist und Zeit hat, um neue Taschentücher zu holen. Auf jeden Fall kann ich froh sein, überhaupt ein Netz zu haben.

Ich saß bei einer meiner Mitbewohnerinnen, als sie mir erzählte, dass eine Betreuerin zu ihr gemeint hätte, dass sie ihre Sorgen nicht immer bei mir abladen solle. Ich dachte kurz nach und widersprach der Aussage der Betreuerin, obwohl ich ihr einerseits sehr dankbar dafür war, dass sie das gesagt hat, denn ich kann mir manchmal selber schlecht Grenzen setzen, wenn es heißt für andere da zu sein und dann wird es oft zu viel für mich, aber ich kann nicht Stopp sagen. Ich kann mir aber auch nicht sagen lassen, dass Menschen nicht mehr zu mir kommen sollen, vor allem, wenn sie es brauchen. Und ich glaube, meine Mitbewohnerin brauchte es. Sie wird mich nicht immer brauchen, da bin ich mir sicher. Denn irgendwann wird sie auch ein eigenes Netz haben. Aber sie wohnt noch nicht so lange bei uns in der WG und aller Anfang ist schwer, vor allem, wenn man gerade erst aus den Strukturen herausgebrochen ist, in denen man jahrelang aufgewachsen ist. Sie braucht viel. Wir alle brauchen viel. Aber wenn du schon am Anfang fallen gelassen wirst, ist es noch schwieriger zu lernen, anderen zu vertrauen. Deswegen wollte ich für sie da sein. Und das sagte ich ihr auch so. Ich sagte, dass ich für sie da wäre. Sie meinte, dass sie mich nicht belasten wolle, ich käme mit meinem Problem schließlich auch nicht zu ihr. Da hat sie Recht. Aber ich habe andere Menschen zu denen ich gehen kann. Also erklärte ich ihr, dass ich so lange dableiben würde, solange sie mich bräuchte und irgendwann würde sie Menschen kennenlernen, denen sie vertrauenkönne und dann wird sie mich nicht mehr brauchen. Denn irgendwann wird sie auf sich selbst vertrauen können. Auch wenn sie kein Netz haben sollte.

Ein soziales Netzwerk ist in vielen Lebenslagen sehr hilfreich. Aber auch sehr kompliziert und nicht immer verlässlich. Ich muss immer überlegen, wann ich wem was erzählen kann und wer wann für was da ist. Zum Bespiel gerade jetzt. Ich bräuchte jemanden zum Reden, aber Grace ist im Urlaub, Lilly weg, die Betreuerinnen in einer Besprechung und meine Freundinnen im Urlaub. Ich kann warten. Aber ich warte schon lange. Und während ich warte, ist niemand da. Nur ich. Die ganze Zeit, die ich seit Jahren mit Warten verbracht habe, war ich gezwungen mit mir selbst zu verbringen. Mittlerweile sind wir gute Bekannte und wenn man so viel Zeit miteinander verbringt, ist man gezwungen sich miteinander zu arrangieren.

Mein soziales Netz entstand in dem Moment, in dem ich das erste Mal nach Hilfe schrie. Damals hörte mich die Schulsozialarbeiterin in der Schule und sie hört mir seitdem immer noch zu. Dann kam das Jugendamt und alle anderen irgendwann. Aber nicht alle Menschen, die ich kennenlernte, wurden ein Teil meines Netzes. Es wurden nur diejenigen ein Teil davon, denen ich vertraute und das wählte ich irgendwie ganz zufällig aus. Das war mit Lilly auch so. Ich ging eigentlich nur einmal zu ihrer Beratung und irgendwie blieb ich da hängen. Ich habe keine Kontrolle darüber, wer kommt und wer da ist und wer wann geht. Aber es ist schön Menschen zu haben, denen ich vertrauen kann und die für mich da sind.

Vielleicht bist du wie meine Mitbewohnerin und du hast gerade noch niemanden und verstehst vielleicht gar nicht, über welche Netze ich hier spreche. Das ist okay. Aber ich wünsche dir von Herzen, dass du den Mut hast und zulassen kannst, dass Menschen für dich da sind. Denn du bist es wert, dass jemand dich auffängt. Und Vertrauen ist wichtig, aber Vertrauen entsteht auf die wundersamste Weise und entwickelt sich mit der Zeit. Es ist egal, ob diese Menschen da sind, weil es ihr Job ist oder weil sie deine Mitbewohner*innen oder Freund*innen sind. Hauptsache, da ist jemand für dich da.

KAPITEL 10 AUSZIEHEN

KURZ nachdem ich eingezogen war, fragte mich eine damalige Mitbewohnerin, ob ich denn lange auf der WG bleiben würde, ich meinte nein und dass ich bald zu meinem Vater ziehen würde. Jetzt zieh ich aus, aber nicht zurück nach Hause, sondern in die unbekannte Welt des Erwachsenseins. Es ist auch ziemlich genau ein Jahr her, seit ich anfing mich damit zu beschäftigen, was eigentlich nach der WG kommt. Ich schaute mir verschiedene Wohnformen an. Von anderen WGs bis hin zu leeren Wohnungen war alles dabei. Und irgendwann, als ich mich im Winter entscheiden musste, ob ich den einen Platz in einer anderen WG haben wollte, führte ich ein Gespräch mit meiner Betreuerin, an das ich mich sehr oft zurückerinnere. Sie erinnerte mich daran, wie ich immer gesagt hatte, dass es mein Plan gewesen sei, zuerst mein Abi zu machen und danach erst auszuziehen. Dann sagte sie, dass sie und die anderen damals schon gewusst haben, dass dies nicht der Fall sein wird, weil niemand so lange bliebe und vor allem nicht mit 18. Sie hat Recht, jetzt werde ich nächste Woche 18 und umziehen werde ich auf jeden Fall vor den Abiprüfungen im Mai. Aber ich erinnere mich auch an das Gespräch, weil ich damals nicht wusste, wie ich mich entscheiden sollte und sie riet mir, auf mein Gefühl zu vertrauen und den Platz nur zu nehmen, wenn es sich richtig und gut anfühlt. Es fühlte sich nicht gut an und ich sagte der WG ab. Das tat ich dann noch mindestens vier weitere Male, bei unterschiedlichen Trägern und unterschiedlichen Wohnungen und Gruppen. Ausziehen ist ein Prozess. Das habe ich dann auch noch gelernt.

Zum Ausziehen gehört vieles dazu. Für mich war die WG viele Jahre lang mein Zuhause, auch wenn ich sie ungern so nannte. Sie jetzt mehr oder weniger für immer zu verlassen, wirbelt ziemlich viele Gefühle in mir auf. Und wenn du ausziehst und nicht mehr zurückgehen kannst, weil selbst, wenn du dorthin zurückkommst, nichts mehr so sein wird, wie du es mal kanntest, dann ist es umso wichtiger irgendwohin zu ziehen, wo du dich sicher fühlst. Wenn ich umziehe, brauche ich ein Zuhause. Die WG ist mein Zuhause, aber ich habe sie erst zu dem gemacht, was sie jetzt für mich ist. Es war eine Entwicklung, die sehr lange gedauert hat. Ich musste sie lieben lernen und mit jedem Möbelstück, das ich selbst zusammengebaut habe, mit jedem Raum, den ich mit umgestalten durfte, mit jedem Neueinzug, den ich begrüßt und in unsere WhatsApp-Gruppe hinzugefügt habe, mit jeder Diskussion, die ich mit den Betreuerinnen geführt habe, ist die WG ein kleines bisschen wichtiger und sicherer für mich geworden. Wenn ich jetzt ausziehe, kann mich nur ein coronibedingtes Besuchsverbot davon abhalten, zu Besuch zu kommen. Aber wie wird es sein, wenn ich da nicht mehr wohne? Ziemlich sicher wird jemand anderes in mein Zimmer ziehen. Meine Bezugsbetreuerin wird ein neues Bezugskind bekommen und wenn ich zu Besuch komme, dann nicht an Donnerstagen, denn da sind Gruppenabende und ich bin dann kein Teil der Gruppe mehr. Ich bin dann eine Besucherin. Und spätestens in ein paar Jahren wird wahrscheinlich niemand mehr dort wohnen und vielleicht auch nicht mehr arbeiten, den ich kenne. Es ist also nicht wie ein Auszug aus dem Elternhaus, weil man studieren geht oder eine Ausbildung macht. Es gibt kein altes Kinderzimmer, in das ich zurückkehren kann und keine Menschen, die sich freuen, wenn ich an Weihnachten wieder nach Hause komme. Wenn ich jetzt also ausziehe, dann gehe ich für immer.

Ob ich in ein paar Wochen wirklich ausziehe, entscheide ich dann an dem Tag. Je nachdem, ob ich bereit bin oder nicht. Je nachdem, ob es sich richtig und gut anfühlt oder eben nicht. Aber ich glaube schon, dass ich gehen werde. Denn ich weiß, dass es nicht einfacher wird, je länger ich dableibe und ich weiß, dass es Zeit ist zu gehen. Denn meine Betreuerin hatte Recht, als sie sagte, dass mit 18 niemand mehr auf der WG bleiben möchte. Als ich 14 war, habe ich das nie verstanden. Aber jetzt gehöre ich zu den Älteren und ich weiß, dass die Regeln und die Strukturen dieselben sind. Die anderen sind alle viel jünger als ich und ich kann mittlerweile alles noch viel besser, als ich es mit elf konnte. Ich kann kochen, putzen und mit Geld umgehen. Aber obwohl ich fast achtzehn bin, kann ich nicht länger als 23.30Uhr wegbleiben, weil ich keinen Wohnungsschlüssel habe. Es sind so Kleinigkeiten, die mich an sich nicht weiter stören. Aber meine Themen stimmen nicht mehr mit den Themen der WG überein. Wenn es beim Essen immer um Handyzeiten geht und Filme mit FSK 12 im Büro eingeschlossen sind, weil die Jüngeren sie nicht in die Finger kriegen dürfen. Außerdem bin ich müde. Nach über sechs Jahren in dieser WG bin ich müde von dem ständigen Wechsel, egal ob Mädchen oder Betreuer*innen. Ich bin müde von den ganzen Diskussionen, die oftmals nicht mal meine sind, aber die ich trotzdem mitbekomme. Unabhängig davon, wie sehr ich die WG und die Menschen dort liebe, so anstrengend ist es doch auch und so viel Drama spielt sich in diesem Haus ab, denn nicht zu vergessen: jedes Kind lebt aus einem Grund in der WG und so ist immer irgendetwas los in diesem Haus, vor allem auf emotionaler Ebene.

Ich ziehe also um. Und weil es keinen Sinn ergeben würde, in eine andere WG zu ziehen, weil dort genauso viele unterschiedliche Menschen sind, die kommen und gehen, ziehe ich in ein Mini-Appartement, in dem ich ambulant betreut werde. Das bedeutet, dass ich alleine wohne, aber ein paar Mal in der Woche kommt jemand vorbei und kümmert sich mit mir um die Dinge, die ich noch nicht alleine machen kann. Ich hatte Glück oder Unglück, das weiß ich noch nicht so genau. Denn es gibt in unserem Haus ein paar Mini-Appartements direkt über der WG. Und so wird mein Umzug zumindest in der Hinsicht einfach, dass ich mich nicht ummelden muss und kein Umzugsunternehmen brauche, das meine fünf Tassen, meine Schulsachen und meine Kleidung von A nach B bringt. Hätte ich aber damals schon gewusst, dass ich irgendwann mal noch ein Stockwerk weiter oben wohnen würde und somit die insgesamt 91 Treppen hochlaufen müsste, um nach Hause zu kommen, dann hätte ich mir mehr Mühe gegeben bei meinem Protest dafür, dass wir einen Aufzug brauchen.

Ich habe Angst. Nicht vor dem Ausziehen oder dem Abschied, viel eher vor dem, was danach kommt. Und auch die Zeit jetzt ist anstrengend. Wenn ich bei allem was ich tue, darüber nachdenke, dass es vielleicht das letzte Mal ist, dass ich mit zum Einkaufen gehe, das letzte Mal mit auf der Freizeit war, das letzte Mal an einem Gruppenabend teilnehme und so weiter. So viele letzte Male. Es wird mir fehlen. Auch die uncoolen Dinge, wie das Sprudelkisten-Hochtragen. Ich weiß nicht, wie es werden wird, wenn ich ausgezogen bin. Ich weiß nicht, was alles danach kommt. Das weiß ich nicht, das weiß kein Mädchen das auszieht, aber kein

Mensch weiß, was danach kommt. Nichts ist für immer und traurig ist man dann, wenn es nicht mehr da ist. Loslassen ist nicht so einfach, aber Erinnerungen zu behalten ist nicht schwer. Und ich hebe sie auf. In einer Kiste, die mittlerweile so voll ist, dass sie da alle gar nicht mehr reinpassen. Aber die Kiste nehme ich mit, wenn ich gehe und mit ihr noch so vieles mehr.

Jedes Mädchen bekommt bei ihrem Auszug ein Abschiedsgeschenk und meistens schreiben ihr ein paar oder alle Betreuerinnen noch eine Karte. Auf jeden Fall geben sie ihr ein paar Worte mit auf den Weg. Auf diese Worte bin ich schon so lange gespannt. Aber noch viel gespannter bin ich auf die Worte, die ich dalasse. Aber irgendwie habe ich das Gefühl, das ich das, was ich sagen möchte und was ich fühle, gar nicht in Worte fassen kann, weil es so groß ist. Sechs Jahre, das sind über 53 Menschen, die ich in dieser Zeit auf der WG kennengelernt habe, davon sind dreißig Mitbewohnerinnen gewesen und dreizehn waren Praktikantinnen. Zu jedem Namen, zu jeder Person würde mir so vieles einfallen, was ich erzählen könnte. Aber noch viel mehr frage ich mich, was aus so manchen Menschen geworden ist. Von manchen weiß ich es. 23 meiner Mitbewohnerinnen haben bereits herausgefunden, was nach der WG kommt. Manche sind wieder zu ihren Eltern gezogen. Manche haben eine eigene Wohnung und manche haben bereits eigene Kinder. Andere haben sich eine Katze oder einen Hund geholt, den sie pflegen können. Manchen geht es nicht so gut. Aber alle gehen ihren Weg. Und ich glaube, dass niemand, der sie auf der Straße treffen würde, beurteilen könnte, ob sie jemals in einer Wohngruppe gelebt haben oder nicht. Denn wir sind besondere Kinder, die manchmal besondere Wege gehen, manchmal nicht direkt oder gar nicht ihr Abi machen und auch mal einen Zwischenstopp in der Psychiatrie einlegen oder einfach nur sehr traurig sind. Wir sind Kinder, die besonders schwierige Wege gehen mussten, aber wir sind besonders starke Kinder. Und das ist das, was bleibt, wenn ich ausziehe. Wenn wir alle irgendwann gehen. Denn die Wohngruppe, das Haus und die Menschen dort haben mich zu dem gemacht, was ich bin und was ich kann. Wir haben alle einander geprägt. Wie würde ich heute Sushi machen, wenn Myla es mir nicht gezeigt hätte? Hätte ich jemals mit dem Backen angefangen, wenn ich nicht mit Nia eine riesige Halloweentorte gebacken hätte? Hätte ich den Weg ins Ballett wiedergefunden, wenn ich nicht mit Alice bei der Ballettaufführung gewesen wäre? Wer hätte mir all das beigebracht, was ich heute kann? Und wer hätte mir gezeigt, was es heißt zu lieben und füreinander da zu sein? Das ist das, was ich mitnehme. Und ich werde an Myla und Nia denken, wenn ich koche und backe. Ich werde an Alice denken, wenn ich zum Tanzen gehe, ich werde an all die 54 Menschen denken, während ich neue Menschen kennenlernen werde und neue Erfahrungen machen werde. Gute und schlechte. Und dann werde ich zu Besuch kommen, aber nicht an einem Donnerstag, denn da ist Gruppenabend und werde von meinen Erfahrungen erzählen und euch zuhören. Bis dahin kann ich nur hoffen, dass ihr mich nicht vergesst.

KAPITEL X GROWING UP AND GROWING APART

Es ist August und es ist genau ein Jahr her seit ich angefangen habe, dieses Buch zu schreiben. Es ist mein letzter August in dieser WG und weil alles irgendwann zu Ende gehen muss, geht mit meiner Zeit auf der WG auch dieses Buch hier zu Ende. Um ehrlich zu sein, habe ich es mir einfacher vorgestellt ein Ende zu finden und schöne letzte Worte niederzuschreiben, aber *it's not that easy*. In den letzten sechs Jahren habe ich viel Zeit damit verbracht, mich von Menschen zu verabschieden, die weggegangen sind und mich zurückließen und jetzt bin ich wohl alt genug, um selber zu gehen. Aber was bleibt, wenn ich weg bin?

Wäre mein Leben ein Film, dann wäre es ein Drama und dieser Abend wäre einer der Höhepunkte, bzw. ein retardierendes Moment in dem die Protagonistin auf ihr Leben zurückblickt, kurz bevor die Katastrophe eintritt und das Drama endet. Da mein Leben sehr wahrscheinlich nicht mit meinem Auszug aus der WG endet (wobei, ist es überhaupt wahrscheinlicher zu überleben, als zu sterben?) bezeichnen wir einfach den Teil meines Lebens, den ich auf der WG verbracht habe als ein ganz eigenes Drama. Und die Katastrophe in diesem Drama kommt mit jedem Tag näher und näher. Aber noch sind wir nicht ganz am Ende und deswegen erzähle ich lieber davon, wie es gerade ist, auch, weil ich selber noch nicht weiß wie es wird und wie die Katastrophe aussehen wird. Wie gesagt, es ist August, ich wünschte ich könnte schreiben, dass es ein lauer Sommerabend ist, aber es ist ein verregneter und kalter Augustabend. Und in diesem Jahr fehlt mir der Sommer sogar, irgendwie ist er dieses Jahr ausgeblieben und die nassen und grauen Tage sorgen nicht gerade für bessere Laune. An sich liebe ich solche Tage und es sind die perfekten Tage, um depressiv im Bett zu liegen, aber ich bin gerade nicht so in der Stimmung, mich depressiv in mein Bett zu legen. Okay, genug vom Wetter. Eigentlich wollte ich von der Dramatik meines Lebens erzählen. Es ist also dieser eine verregnete Augustabend und wir sitzen beim Abendessen, als auf einmal die Diskussion darüber anfängt, wer nach meinem Auszug in mein Zimmer ziehen darf. Diese Diskussion dauert über zwanzig Minuten und scheint einige meiner Mitbewohnerinnen sehr zu beschäftigen. Bis zu diesem einen Moment, ist es für mich immer okay gewesen, über meinen Auszug zu reden, aber so offensichtlich zu hören, wie andere Menschen schon Pläne haben für die Zeit nach meinem Auszug und sich in der Hinsicht sogar darauf freuen, dass ich ausziehe, weil sie dann ein größeres Zimmer bekommen, hat dann schon irgendwie wehgetan. Der Abend ging dann irgendwie auch sehr chaotisch weiter und er endete mit mir frustessend in der Küche. Mit meiner Maiswaffel in der Hand lief ich in der Küche auf und ab. Stellt euch das verregnete, dunkle Stuttgart vor und dann eine beliebige Wohnung, in der ein Mädchen vom einen Ende zum anderen Ende des Zimmers läuft und außer ihr und der Maiswaffel ist niemand in diesem Raum. Dasselbe Mädchen lief schon des Öfteren in diesem Zimmer hin und her, aber das letzte Mal las sie dabei aus einer Lektüre vor und war mit ihren Nerven ziemlich am Ende, aber damals waren da noch andere Leute in der Küche. Leute, die sie unterhalten haben, Leute die sich mit ihr die Maiswaffeln geteilt haben, die sich auch aufgeregt haben über Politik und die Welt und jetzt sind all diese Menschen weg. Wo ist der dramatische Part oder warum erzählt sie mir das, wirst du dich jetzt bestimmt fragen. Einfach so, weil es sich für mich in dem Moment sehr dramatisch angefühlt hat und in einem Film sähe diese Stelle bestimmt sehr schön, traurig und tragisch aus. (Lasst mir das bisschen Selbstmitleid)

Die Wahrheit ist, dass ich mich sehr alleingelassen fühle – in den ganzen sechs Jahren hier habe ich mich nicht so einsam gefühlt wie in diesen Wochen. Menschen kommen und gehen, aber irgendwie ist es jetzt anders. Ich vermisse die Menschen, ich vermisse die alten WG-Zeiten und ich finde es unglaublich schlimm, mich davon verabschieden zu müssen. Ich kam als erste und ich gehe als letzte. In den Jahren gab es ein paar wenige Mädchen, die für mich mehr waren als Mitbewohnerinnen. Es waren über drei Jahre, die ich so auf der WG gelebt habe, mit dem Wissen, dass Zuhause (in der WG) immer Menschen auf mich warten, die mich lieben. Die für mich da sind und die für jedes Frustessen und jede Tanzparty zu haben sind. Aber damals war ich noch die Kleine und die anderen sind dann irgendwann alle erwachsen geworden und ausgezogen. Haley war die Letzte, seitdem weiß ich nicht mehr, mit wem ich tanzen soll oder wer in der Küche chillt, während ich auf und ab laufe und aus irgendwelchen Schullektüren vorlese. Und ich weiß auch nicht, mit wem ich darüber reden soll, wie es mir gerade geht und wie ich mich fühle. Ich habe irgendwann entschieden, dass es nicht schlimm ist, dass es niemanden gibt, der mich und meine Situation gerade versteht, ich habe mich und irgendwie werde ich das mit mir durchstehen, das habe ich die letzten sieben Jahre schließlich auch geschafft.

Mit dem Kapitel WG endet in meinem Leben ein Teil, den ich oft als „unnormal" betrachtet habe. Normale Kinder leben nämlich in ihren normalen Familien. Dann machen sie einen normalen Schulabschluss und ziehen normal mit Ü18 aus und gehen normal studieren. Aber ich habe gelernt, dass das Leben viel mehr ist als normal. Und ich kann jetzt ausziehen und so tun als wäre ich normal. Vielleicht gehe ich sogar irgendwann ganz normal studieren, wer weiß. Aber ansonsten finde ich es nicht schlimm, dass so einiges nicht normal ist. Ich fand normale Tage sowieso schon immer viel zu langweilig. Ich weiß, dass nicht jedes Kind in der Jugendhilfe dieselben Erfahrungen macht. Aber ich hatte unglaublich großes Glück, dass ich in dieser WG aufwachsen durfte, mit all den Menschen, die kamen und gingen. Und mit all den normalen und weniger normalen Tagen. Ich hatte Glück, dass ich Betreuerinnen hatte, die professionell genug waren auch mal nicht professionell zu sein und auch mal sechs Stunden mit mir verbrachten, an Tagen, an denen ich es brauchte. Ich durfte zur Schule gehen und erwachsen werden, fast wie ein ganz normales Kind. Aber ich durfte nebenbei noch Erfahrungen sammeln, die ich in einem ganz normalen Leben nicht gemacht hätte.

Warum heißt dein letztes Kapitel X wurde ich gefragt, als Grace meine Kapitelübersicht anschaute. „Weil ich noch nicht weiß, wie viele Kapitel mein Buch haben wird, aber weil ich das letzte Kapitel schon geschrieben habe, während die in der Mitte noch fehlen. Ich weiß also nicht, wie lange es sein wird und wie viele Kapitel es sein werden. Und Kapitel Z gibt es noch nicht. Deswegen X", antworte ich ihr. Sie verstand und nickte. Es ist wie das Leben. Es beginnt mit einem Anfang, der ziemlich sicher ist und es endet mit einem Ende und das Leben endet mit dem Tod. Das ist sicher. Im Gegensatz zu dem, was dazwischen liegt, das ist ziemlich unsicher und lässt sich frei gestalten. Als ich in die WG zog, wussten alle, dass ich irgendwann ausziehen werde. Niemand, und vor allem ich wusste nicht, wie die Zeit zwischen Ein- und Auszug aussehen würde. Jetzt weiß ich es und ich weiß, diese Zeit war die bunteste Zeit, die ich bisher erleben durfte in meinem achtzehnjährigen Leben. Das WG-Leben ist wie eine ganz eigene Welt.

MY LETTER TO YOU

Hey du,

es ist nur ein Brief von vielen, den ich gerade schreibe und nur ein Brief von vielen, den du in deinem Leben gelesen hast und noch lesen wirst. Aber es ist ein besonderer Brief für mich. Es ist mein letzter, den ich für die WG schreibe. Und ich kenne dich gar nicht, nicht wirklich zumindest. Du weißt jetzt wahrscheinlich mehr über mich, als ich je über dich wissen werde, es sei denn, du erzählst es mir. Aber darauf kommt es nicht an. Nach all den vielen Seiten, die du jetzt schon gelesen hast, was kann ich da noch Schlaues sagen? Nichts. Es gibt nichts Schlaues zu sagen. Aber weißt du, das WG-Leben ist so eine blöde Sache. Auch wenn ich mich damals für die WG entschieden habe, ich wollte es eigentlich nie. Ich wollte immer, jeden einzelnen Tag, zurück nach Hause und ich habe mir jeden Tag gewünscht, dass ich Eltern hätte, die mich genug lieben und für mich da sein können. Ich wollte immer normal sein. Aber das Leben fragt leider nicht nach dem, was wir wollen. Und so wird es hart. Das Leben auf der WG. Es wird Zeiten geben, da wirst du weinen und verzweifelt sein. Es wird Tage geben, da wirst du ausziehen wollen und Tage, da wirst du dich freuen, wenn du endlich wieder in deinem Bett liegst. Du wirst viele Menschen kennenlernen. Vielleicht zu viele. Und mit manchen wirst du dich anfreunden, mit manchen nicht. Du wirst ziemlich sicher lernen, eine gute Tomatensoße zu kochen und dein Zimmer selber aufzuräumen. Du wirst noch selbstständiger werden, als du es jetzt vielleicht schon bist und du wirst viel früher erwachsener sein, als die Kinder und Jugendlichen in deiner Klasse. Und das alles, alles so wie es ist, ist okay. Das Leben ist okay und vor allem bist du okay. Genauso, wie du bist. Dein Leben ist keine Bilderbuchgeschichte. Bestimmt keine Geschichte, die man kleinen Kindern zum Einschlafen vorliest. Aber wer weiß, vielleicht erzählst du deine Geschichte trotzdem eines Tages. Und ich bin mir ziemlich sicher, dass sie gehört werden wird. Denn du bist es wert, gehört zu werden. Es gibt in diesem

Buch kein Kapitel Z. Weil Z das Ende des Alphabets ist und mein Ende ist noch ganz weit weg. Wie viel zwischen X und Z liegt, werde ich jetzt wohl herausfinden. Ich habe überlebt. All das Schlimme und auch das Schöne und was so dazwischenliegt. Und du wirst es auch (üb)erleben. Und einerseits würde ich dir gerne das alles ersparen, was du durchmachen musstest und was du durchmachen musst und wirst. Aber auch, wenn es sich gerade alles eher nach überleben anfühlt, bin ich mir ganz sicher, dass nach dem Überleben das Leben auf dich wartet und weil ich weiß, dass die WG ganz viel für dich bereithält, woran du wachsen kannst, wünsche ich mir, dass sie für dich mehr wird, als nur ein Dach über dem Kopf und dass sie für dich viel mehr eine Stütze sein kann, bis du groß genug bist, um deinen eigenen Weg zu gehen und dein Leben in deinen eigenen Farben zu malen.

DANKE

Nach einer halben Ewigkeit, die wie im Flug verging, durfte ich das erste Exemplar meines Buches in den Händen halten. Vom Tag, als ich es begann zu schreiben, bis zu diesem Tag sind viele Tage und Nächte vergangen. Und auch wenn lange niemand wusste, was ich da so viel an meinem Laptop tue, wäre das Buch oder „der Lappen“ wie es liebevoll getauft wurde, niemals das geworden, was es ist, wenn da nicht ganz viele Menschen mitgeholfen hätten. Ohne es zu kitschig oder zu weird machen zu wollen, will ich mich trotzdem bei meinem wundervollen, zusammengebastelten Management bedanken, die fleißig korrekturgelesen, designt und beraten haben. Mein großer Dank und ganz viel Liebe gilt vor allem auch allen, die sich stundenlang meine Zweifel und Gedanken angehört, mit mir zusammen nach Titelideen gesucht und von Lesereisen geträumt haben. Und letztendlich wäre dieses Buch nie entstanden, wenn es nicht diese wundervolle, meiner Meinung nach beste WG der Stadt gäbe, in der jeden Tag so viele Leute ihr Bestes geben, Liebe und Zeit schenken. Dieses Buch wäre aber auch nicht entstanden, wenn es nicht so viele Leute gegeben hätte, die mich jahrelang begleitet, unterstützt, mit und für mich gekämpft hätten. Besonders als Freund*innen, als Lehrkräfte, als Fachkräfte, als Praktikant*innen, als Familie, als liebende Menschen mit offenen Armen und vor allem als Mitbewohner*innen.

GOOD TO KNOW

KOSTENHERANZIEHUNG: Ich hatte in einem Kapitel darüber geschrieben, dass Jugendliche, die in der Jugendhilfe leben und Geld verdienen, 75% von ihrem Gehalt an das Jugendamt abgeben müssen, später waren es 25% und zum 01. Januar 2023 wurde die Kostenheranziehung komplett abgeschafft. Dafür haben viele Menschen (u.a. auch Careleaver*innen oder die IGfH) ganz lange gekämpft.

DEINE RECHTE: Egal wie alt du bist, es ist immer gut deine Rechte zu kennen! Dazu gibt es viele Informationen im Netz, aber auch Broschüren, die überall herumflattern (wie zum Beispiel die Broschüre „Durchblick“, siehe S. 93 oder dieses Buch). Du musst sie nicht alle auswendig lernen, aber es gibt Momente, in denen es gut sein kann zu sagen: „Ich habe das Recht auf Mitbestimmung und das Recht hier zu wohnen.“ Es gibt nämlich oft Situationen, in denen dir die Ämter nicht unbedingt alles offenlegen. Du hast aber immer ein Recht darauf miteinbezogen zu werden und je älter du wirst, desto schwieriger wird es auch Entscheidungen über deinen Kopf hinweg zu treffen.

> ***Es ist manchmal schwer für seine Rechte einzustehen, das weiß ich, aber es ist unglaublich wichtig!***

Und damit du das nicht alleine machen musst, gibt es die *Ombudschaften.*

In fast jedem Bundesland gibt es die Ombudsstellen, in denen Fachkräfte arbeiten, die sich mit den Gesetzen auskennen und dafür da sind, sich für Kinder und Jugendliche aus der Jugendhilfe einzusetzen. Sie arbeiten unabhängig von allen Ämtern. Du kannst dich da ganz einfach und vertraulich hinwenden. Die Menschen in den Ombudsstellen beraten und informieren dich und helfen dir.

CARELEAVER: Kennst du den Begriff? In den letzten Jahren hat sich immer mehr der Begriff Careleaver*in und Carereceiver*in etabliert. Die Begriffe kommen aus dem Englischen und bedeuten so viel wie „Fürsorge-Empfangende*r" (Carereceiver*in) und „Fürsorge-Verlassende*r" (Careleaver*in). Wenn du also in der Jugendhilfe wohnst bzw. irgendwann ausziehst, wirst du automatisch zum Careleaver oder zur Careleaverin.

Seit ein paar Jahren gibt es einen Careleaver e.V., eine Gruppe von Menschen, die selber mal in der Kinder- und Jugendhilfe gelebt haben und sich jetzt zusammengefunden haben, um für die Interessen von Careleaver*innen und Carereceiver*innen zu kämpfen. Aber auch einfach um ein Netzwerk zu schaffen. Denn wenn uns Care-Kinder etwas verbindet, dann das Gefühl von Einsamkeit, die Erfahrung der stationären Jugendhilfe und oft auch das Gefühl von fehlendem Halt und Unterstützung.

Gemeinsam hat der Careleaver e.V. verschiedene Projekte ins Leben gerufen. Es gibt Patenschaften, Stipendien für Auslandsaufenthalte, Netzwerktreffen, Workshops und auch finanzielle Unterstützungsmöglichkeiten.

Ich habe mich auf jeden Fall krass gefreut, als ich zufällig rausgefunden habe, dass ich, wenn ich ausziehe aus der Jugendhilfe, automatisch zur Careleaverin werde. Damit bin ich Teil einer wundervollen Gruppe und falle nicht einfach aus dem System, wenn ich zu alt bin für die Unterstützung durch das Jugendamt.

Ende der Jugendhilfe: nochmal zurück zu den Rechten. Du hast das Recht bis zu deinem 21. Lebensjahr Unterstützung durch die Jugendhilfe zu bekommen. Das heißt, dass es eigentlich unmöglich ist, dich an deinem 18. Geburtstag einfach vor die Tür zu setzen. In den Hilfeplangesprächen wird zwar geprüft, ob und welche Unterstützung für dich die Richtige ist, aber solange du einen Bedarf hast und unter 21 bist, hast du ein Recht auf Hilfe. (Auch da können dich die Ombudschaften oder auch der Careleaver e.V. beraten) Außerdem gibt es auch über das 21. Lebensjahr hinaus Unterstützungsmöglichkeiten und zum Beispiel die „Coming back"-Option, die steht auch im Kinder- und Jugendhilfegesetz (SGB VIII). Das bedeutet, dass du auch wenn du aus der Jugendhilfe raus bist, aber wieder einen Bedarf hast, zurückkommen kannst und das Recht auf Unterstützung hast.

Außerdem wird gerade noch mehr an der Ausgestaltung einer inklusiven Kinder- und Jugendhilfe und des 2021 verabschiedeten Kinder- und Jugendstärkungsgesetzes (KJSG) gearbeitet. Hierzu gehört zum Beispiel die Forderung, ein inklusives, alle Kinder und Jugendlichen umfassendes Recht der Kinder- und Jugendhilfe im Sozialgesetzbuch (SGB VIII) zu verankern. Auch an dieser Diskussion sind Careleaver*innen beteiligt.

CARELEAVING STORIES: Weil mich dieses Buch so krass berührt hat, muss es auch hier extra erwähnt werden. Kurz nachdem ich fertig war mit dem Schreiben dieses Buches, bin ich auf das Projekt von *Brückensteine* gestoßen. Eine Gruppe von Careleaver*innen hat sich zusammengetan für ein Buchprojekt, in dem die Stimmen von verschiedenen Careleaver*innen Platz bekommen haben. Es ist eine Sammlung von Erfahrungsberichten, Bildern, Gedichten und vor allem ganz vielen Gefühlen. Es sind Seiten, die gefüllt sind mit Worten, die ich selbst nie gefunden habe, die aber ganz genau beschreiben, wie es ist nicht „Zuhause" aufzuwachsen und wie es ist mit 18 auszuziehen ... Ein Buch, das alle lesen sollten!
ISBN: 978-3-00-073687-2

Das sind jetzt nur ein paar Good-to-knows, wie ich finde, die Wichtigsten. Mir hilft es unglaublich zu wissen, dass es Unterstützungsmöglichkeiten gibt und ein Netz, das mich hält, wenn ich falle. Dass es Menschen gibt, die da sind und unterstützen, aber auch einfach zuhören, sich gegenseitig Mut machen. Und vor allem, dass ich nicht alleine bin.

Und weil ich zur Generation Social Media gehöre und Instagram liebe, hier ein paar Accounts und Webseiten, die ich dir sehr ans Herz legen kann:

@careleavers_awake
@empoweryou.info – Infos sind immer gut
@cariboo.careleaver – psst, ich habe gehört da gibt es bald eine eigene App für Careleaver*innen
@brueckensteine – machen coole Projekte
@careleaver_deutschland
@careleaving.stories
@bno_jugendhilfe – die Ombudschaften, haben teilweise für jedes Bundesland eigene Accounts
careleaver.de – die offizielle Webseite des Vereins
klueckskinder.de – eine Initiative, die Kinder und Jugendliche aus der Jugendhilfe ermutigt durch Projekte und einen eigenen Kalender rausgebracht hat
diebeteiligung.de – Website mit vielen Infos und Broschüren über deine Rechte
jugendhilferechtsverein.de – da gibt es noch weitere nice Broschüren
vormundschaft.net – Infos rund um das Thema Vormundschaft
igfh.de – die IGfH verlegt nicht nur so coole Bücher wie dieses hier, sie hat auch viele Projekte und Veranstaltungen. Sie ist ein Erziehungshilfe-Verband und versteht sich als Lobby für junge Menschen.

ANLIEGEN UND BEDARFE VON JUNGEN MENSCHEN SICHTBAR MACHEN!

Die IGfH (Internationale Gesellschaft für erzieherische Hilfen) versteht sich als Lobby im Dienste des Wohls und der Rechte von jungen Menschen, die außerhalb der Herkunftsfamilie leben. Sie vertritt in diesem Rahmen die Interessen von pädagogischen Fachkräften, von Institutionen und von jungen Menschen. Die Einschätzungen der Adressat*innen der Erziehungshilfen haben innerhalb der IGfH einen hohen Stellenwert.

Dies wurde zum Beispiel im Rahmen des Projektes „Zukunftsforum Heimerziehung" besonders deutlich. Hier gab es Beteiligungs-Werkstätten u.a. mit Jugendlichen und Care Leaver*innen, die in Wohngruppen oder Pflegeverhältnissen (zeitweilig) gelebt haben. So konnten ihre Einschätzungen und Bedarfe zusammengetragen und diskutiert werden.

Ein weiteres Format des Projektes war ein Hearing im deutschen Bundestag, dies ermöglichte den direkten Austausch zwischen jungen Menschen, Eltern und Politiker*innen über die Erziehungshilfen in Deutschland, insbesondere zu den im Rahmen des Projektes aufgedeckten und angesprochenen Bedarfen von jungen Menschen.

Aus dem Hearing ist eine eindrucksvolle Dokumentation entstanden, die kostenfrei bestellt werden kann und hier zu finden ist:

Weitere Informationen über die IGfH gibt es hier:

Diverse Informationen zum Projekt „Zukunftsforum Heimerziehung" und einige Materialien gibt es hier:

Die Broschüre „Durchblick" (hrsg. von der IGfH und der Universität Hildesheim) richtet sich an junge Menschen, die in Wohngruppen, Pflegefamilien oder anderen stationären Hilfeformen leben und bei denen das Hilfeende bzw. der Auszug absehbar sind. Sie bietet einen Überblick über Themenfelder, die in der Übergangsbegleitung eine Rolle spielen, zum Beispiel Wohnen, Versicherung, Schule, Ausbildung oder Studium.

NOTIZEN